教师专业发展的
自我心理研究

高湘萍　朱　敏　徐欣颖　著

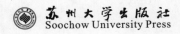

图书在版编目(CIP)数据

教师专业发展的自我心理研究 / 高湘萍,朱敏,徐欣颖著. —苏州：苏州大学出版社,2016.4
ISBN 978-7-5672-1689-1

Ⅰ.①教… Ⅱ.①高…②朱…③徐… Ⅲ.①教师心理学 Ⅳ.①G443

中国版本图书馆 CIP 数据核字(2016)第 054960 号

书　　名	教师专业发展的自我心理研究
著　　者	高湘萍　朱　敏　徐欣颖
责任编辑	董　炎
出版发行	苏州大学出版社 (苏州市十梓街1号　215006)
印　　刷	苏州工业园区美柯乐制版印务有限责任公司
开　　本	700 mm×1 000 mm　1/16
印　　张	10
字　　数	180 千
版　　次	2016 年 4 月第 1 版 2016 年 4 月第 1 次印刷
书　　号	ISBN 978-7-5672-1689-1
定　　价	28.00 元

苏州大学版图书若有印装错误,本社负责调换
苏州大学出版社营销部　电话：0512-65225020
苏州大学出版社网址　http://www.sudapress.com

前　言

1966年,联合国教科文组织和国际劳工组织发布《关于教师地位的建议》,第一次明确提出了教师专业化主张。1980年,世界教育年报以"教师的专业发展"为主题,指出教师专业化的两个目标:一,教师是社会上职业层序以至社会分层中的一个阶层,专业化的目标在于争取专业的地位与权利以及力求集体向上流动;二,教师是在教室内教导学生及提供教学服务的工作者,他们同时必须以提高教学水平及扩展个人知识及技能为发展方向。

自20世纪80年代提出教师专业发展概念以来,经过30多年的理论研究和实践探索,教师专业发展已成为世界许多国家教育研究共同关注的主题,是当今教师教育改革的主流课题。它既涉及政府的教师管理,也涉及学校的教师队伍建设;既是学术界研究的热点,又是教学实践的对象。

2012年,世界经济合作组织(OECD)发布报告《为21世纪培育教师　提高学校领导力:来自世界的经验》,指出21世纪的学生必须掌握四个方面的技能:思维方式(创造性、批判性思维,问题解决、决策和学习能力);工作方式(沟通和合作能力);工作工具(信息技术和信息处理能力);生活技能(公民、生活和职业,以及个人和社会责任)。教师必须将21世纪的生存技能更有效地教给学生,使他们成为终身学习者,掌握无定式的复杂思维方式和工作方式,这些能力都是计算机无法轻易替代的。重要的是,要让学生具备这些能力,老师就要提高自己(顾明远)。

教师职业承担的社会责任和教师专业发展的目标,决定了教师专业发展独特的前提条件:教师精神、教师知识、教师能力(朱旭东),决定了教师必须在专业发展进程中,不断挑战自我、改变自我,逐步完成专业认同,发展并形成教师特质。

在教师专业发展领域,教师的自我心理日渐受到关注。学者们逐渐意识到,教师发展的问题在于其发展的内容、途径、动力和思维方式仍然以知识技能、专家引领、外在规约和对象性意识为主导,缺乏以教师自我发展为核心的认识、价值逻辑和根本路径。教师专业发展的内在动力必然是教师自我的发展(李方安),自主动力是教师专业发展的心理本源。

本书基于教师专业发展的理论,考察伴随教师专业发展过程其职前、职后胜任力水平的变化。

本书理论基础的另一个重要方面是教师的自我心理及其测量。本书基于大数据的思路和方法,采用一系列与教师专业发展相关的自我心理测量量表,包括自尊、自我评价、自我接纳、自我和谐、自我监控、自我意识、自我概念等,对232名师范生以及271名在职教师的自我心理特点进行探测。通过因素分析,对职前、职后教师的自我心理特征进行整合,并在此基础上,以教师胜任力为目标指标,以整合的教师自我心理成分为预测变量,建立教师胜任力的多元回归模型,构建了促进教师专业发展的自我心理的理论结构模型。另一方面,以教师专业发展所处的阶段为基础,构建了促进教师专业发展的自我心理的经验结构模型,开发了教师专业发展的自我心理结构图谱。

为了促进自我心理理论研究在支持教师专业发展实践中的应用,本书通过案例的方式详释自我心理结构图谱的运用方法,开发了教师自我认知测评方案及相应的9个问卷包。最后,针对处于不同专业发展阶段的教师自我心理结构的薄弱环节,遵循个体自我心理发展规律,结合教师培训工作实际需求,形成从评估到培训再到成长的系统化教师自我心理发展培训方案。

这是国内第一次系统地把自我心理研究的理论、方法运用于教师教育的实证研究探索,也是第一本系统阐述教师专业发展的深层心理机制的研究专著,提供了丰富的职前师范生、初任教师、有经验教师、绩优教师自我心理测评调查数据。为了增强可读性,我们在文本论述的同时,采用了大量图、表,直观显示教师专业发展的自我心理机制特点。本书适合教师教育理论和实践工作者以及关注自身发展提高的各级各类教师阅读、参考。

研究生王媛承担了第一章书稿的撰写,李超承担了第二章书稿的撰写。研究生朱长征、钱浩悦、严玲悦、胡蝶、董荣参与了研究工作。上海师范大学教育学院蔡冬青老师、陆曙毅老师以及来校参加职后培训的中小学老师、师范生为研究做出了贡献,在此表示感谢。

高湘萍

于上海师范大学

2016 年 2 月

目录
Contents

第一章 教师的专业发展与自我 / 1

　一、教师专业发展的内涵 / 1

　二、教师专业发展的进程 / 1

　三、教师胜任力 / 5

　四、自我与教师专业发展 / 7

　五、小结 / 13

第二章 自我的心理测评研究 / 18

　一、引言 / 18

　二、自我的心理测评研究内容 / 18

　三、自我的心理测评研究意义 / 36

第三章 教师专业发展的自我心理结构理论模型研究 / 46

　一、引言 / 46

　二、方法 / 48

　三、结果 / 53

　四、讨论 / 59

　五、小结 / 62

第四章 教师专业发展的自我心理结构经验模型研究 / 65

　一、引言 / 65

　二、方法 / 65

　三、结果与分析 / 66

四、讨论 / 80

五、小结 / 89

  附录 4-1 教师胜任力及子胜任特征的事后比较结果 / 92

  附录 4-2 以类别为自变量的单因素方差结果 / 95

  附录 4-3 不同类别之间的事后比较结果 / 96

第五章 教师专业发展的自我心理结构图谱 / 110

一、引言 / 110

二、方法 / 110

三、教师专业发展的自我心理结构图谱 / 111

四、自我心理结构图谱的个案分析 / 113

五、小结 / 117

第六章 基于教师专业发展的自我心理结构测评方案 / 118

一、测评目的和功能 / 118

二、教师专业发展自我心理结构的动力模型 / 118

三、适用对象 / 120

四、测评量表的构成 / 120

五、结果分析 / 121

  附录 6-1 教师专业发展的自我心理结构测评问卷 / 124

  附录 6-2 教师胜任力问卷 / 133

第七章 教师专业发展自我拓展培训方案研究 / 135

一、引言 / 135

二、自我认知与教师专业发展的关系 / 135

三、教师专业自我拓展培训概览 / 137

四、培训内容总览 / 138

五、教师专业发展自我拓展培训方案 / 141

六、小结 / 152

  附录 7-1 小组成员自我参与评估表 / 154

第一章　教师的专业发展与自我

"教师专业发展"从提出至今,经过 50 多年的理论研究和实践探索,已发展成为世界许多国家教育研究共同关注的主题,是当今教师教育改革的主流课题。它既涉及国家的教师队伍管理,也涉及学校的教师队伍建设;既是学术界研究的热点,又是教学的实践对象。本章主要内容是探讨教师职前期、初任期和胜任期等不同阶段的专业发展特点,教师专业发展的重要反映——教师胜任力及其测量,以及自我在教师专业发展中所起的重要作用。

一、教师专业发展的内涵

教师专业发展的研究于 20 世纪 60 年代始于美国,70—80 年代兴盛于欧美,其目标是在科学研究和教学实践中不断提高自己的专业素养,明确自己的专业理想,从而形成专业自我(王玲,2015)。教师专业发展的特征包括角色转变特征、专业提升特征和自我提升特征。首先,随着教师专业发展的研究从技术趋向转变为探索合作趋向,教师在专业发展过程中的角色也由被动的知识灌输者转变为主动的教学实践者(周均,2010)。其次,教师专业发展强调的是个体内在专业特性的提升,是指教师个人的专业知识、专业技能、专业价值观等方面逐步提升,逐步符合教师专业人员标准的过程(宋广文,魏淑华,2005)。最后,陆伟和葆乐新(2014)认为,教师专业发展是教师通过不断学习和接受各种培训、教育,将其职业化转向专业化的过程,应是教师不断自我提升的过程。综上,教师专业发展是教师的专业知识、专业能力以及专业价值观等方面的提升,而不只是积累专业知识和熟练掌握技能;教师专业发展既是教师成长的结果,也是教师成长的过程,这一过程具有长期性、连续性、阶段性,并且贯穿教师的整个职业生涯。教师专业发展需要教师通过自身努力,凭借自身的智慧和经验,在专业实践中不断学习与探索,逐步达到专业人员的要求。

二、教师专业发展的进程

一直以来,有很多学者对教师专业发展进行研究,取得了丰硕的成果。

研究表明教师专业需要经历一系列的发展阶段,王秋绒(1991)把教师专业发展分为师范生阶段、实习教师阶段和合格教师阶段;饶见维(1996)将教师专业发展分为职前师资培育阶段、初任教师导入阶段和胜任教师精进阶段(殷凤,2014;李壮成,2013)。教师专业发展的不同阶段,不仅表现在教师教学行为或技能上的区别,还表现在教师思维方式或行为方式上的区别。对教师发展阶段的研究也已经成为教师专业发展研究的一个重要主题。本章将从职前期、初任期和胜任期三个阶段讨论教师专业发展进程。

(一)职前期教师专业发展

职前阶段主要指师范生阶段,该阶段是师范生准备好做一名教师并在专业上有所发展的起点。以下几个要素对职前教师专业发展有重要影响。

1. 教育信念

教育信念是教育工作者基于对所从事的教育事业的深刻认识而构建起来的认知体系,它包括对教育事业的社会意义、社会价值的认识;发自内心的对教育事业的投入、参与和贡献的愿望;在前进道路中克服困难和挫折的决心以及高度自觉的行动(方兴武,2008)。师范生最好的发展目标是成为专家型教师,他们处于教师职前时期的教育信念,直接影响其未来的专业道路发展。

陈向明(2003)指出,教育信念是存在于教师心中的价值观念,会无意识地影响教师的行为,因此,教师的教育行为通常是其教育信念的外显表现。教师的教育信念体现了教师对教育事业的追求,同时也是支配教师教学行为的驱动力。教育信念在教师专业结构中位于较高层次,它统领着教师专业结构的其他方面(叶澜、白益民等,2013)。还有研究者认为教育信念是教师成长的支撑性的品质(朱小蔓,2000)。由此看来,教育信念在教师专业发展中有重要的地位,并影响着教师专业发展的前进道路。

2. 反思能力

进入21世纪后,新的形势要求教师不仅要有教学专业知识、能力、技巧,更重要的是具有反思意识,即内省自己的教学行为和理念,对自身的教学活动、目标、效果进行及时的审视和调整,从而获得持续的专业发展(陈俭贤,2011)。另外,反思能力要求教师敢于质疑和否定长期以来的假设,打破陈旧思维和行动的框架,将反思的结果运用在教育实践中,反思为教师提供了挖掘自身潜能的机会,是教师专业发展的内在要求(陈颖,2004)。大量对教师专业发展的研究证明,反思是教师专业发展的重要基础,是教学发展过程中不可或缺的关键环节。未经过反思的经验是狭隘的,其只能形成浅显的知识,如果教师不对经验进行深入思考而只是满足于即时的经验获得,那么他的职业发展将大大受限(姜美玲,2006)。反思是促进教师自我教育的一种方式,反思可以对自己的教学行为进行深入认识,使实践性知识的数量、质量和指导性等方面都提升到较高水平。B. Torf 曾说过:"那些专家型教师的头脑绝不是一块缺乏教育知识的'白板',他们先前的教育信念、期望、知识结构对课程中所学知识的理解、评价及运用产生深远影响。"(转引自:许建美,2001)因而,职前教师除了要具备反思能力外,还十分需要通过反思来审视自己的教育观念。如果不进行反思和批判,活在当下也无异于活在过去的牢笼里,我们总会认为事情的是与非、对与错都应由专家说了算。那么我们只能永远从他人那里明白做事的意义,这样的教学时时刻刻都是在实现别人的思想(金美福,2005)。由此可见,反思能力对职前教师具有重要意义。

3. 发展极

发展极(development poles)的概念由法国经济学家 Perroux 提出。其核心是在一个国家或地区的经济增长中,某些有创新能力的企业、行业在一些地区聚集,并在该地区优先得到发展,形成具有规模经济效益的、资本与技术高度集中的、自身迅速增长的"发展极",它能对附近地区产生强大的辐射作用,从而带动相邻地区的经济发展(马一博,2009)。

马一博(2009)将教师专业发展与经济学中发展极的理论联系在一起,认为在教师专业发展的历程中,师范生需要挖掘自身某一方面的优势作为发展极,如自学能力、优秀的语言表达能力、朗读等,把这些优势发散到自己的教学实践和教学观念之中,形成自己独特的教学风格。可见,发展极并非涵盖所有方面,而是首先表现在与个性特点相契合的方面,然后通过不同的渠道向教学的其他方面扩散,并对师范生的专业发展产生重要的影响。因此,师范生应根据其自身特点寻找并发展自身的闪光点,将这一优点作为发展极,不断促进其他能力的提升。

综上,教育信念作为教师专业发展的精神支持,反思能力作为教师专业发展的助推器,发展极作为教师专业发展的切入点,三个要素相互联系,共同推进职前教师专业发展的进程。

(二)初任期教师专业发展

师范毕业并非意味着教师教育的结束。职前的学习只要求习得学科知识、教育学知识和完成实习训练,并没有考虑到师范生需要足够的时间,用来发展他们独立执行初期教学任务所必需的技能和经验(Bond, Smith, Baker & Hattie, 2000)。

初任教师是指已完成了所有职前教育训练课程,包括学生阶段的教学实习,获得相应证书,并任职于某个学校。他们与那些有经验的教师在教学方面负有同样的责任(Utley, Basile & Rhodes, 2003)。初任教师阶段是教师专业发展进程中的关键环节,他们刚刚开始适应工作节奏和工作内容,有的仍然处在探索从学生到教师的角色转变以及生活形态转变的过程中。因此,初任教师的专业发展对学生的学业成绩以及对所在学校的发展都至关重要。新手教师如要满足专业成长的需求,当务之急是要解决实践性知识的匮乏和角色认知的模糊等问题(陈斐,2012)。

1. 实践性知识

实践性知识是教师运用自身的体验、感受等,将自身的生活经验与个体意义融合,生成运用于教学实践中的知识(林崇德,申继亮,辛涛,1996);同时它还包括教师在课堂上处理困境的知识,它能够体现教师个人特征和智慧,能够集中反映课堂教学的互动性和复杂性(叶澜,2001)。在教学工作中,教师经常能感到课堂教学实践与学校学习的理论相去甚远,此前所形成的教育认知、专业知识和专业能力不足以应对课堂教学实践。而实践性知识的掌握要求教师在具体的教学情境中,在运用理论性知识时融入个人的理解,逐渐积累和丰富,从而形成个人的实用知识。对初任教师而言,丰富自己的实践性知识能够帮助其更加自如地与学生沟通交流,更加变通地理解和运用理论性知识,并且能更好地在陌生的教育教学工作环境中发挥自身优势,从而促进个人在之后教学中的专业发展。

2. 角色认知

1935年,美国社会心理学家 Mead 最早把"角色认知"这个概念引入社会心理学,称为"社会角色",其指的是个人在特定的社会环境中相应的社会身份和社会地位,个体按照一定的社会期望,运用一定的社会权利,履行相应的社会职责的行为(徐厚升,2011)。社会角色用于分析个体在不同情境中应有的不同行为方式。初任教师角色认知的过程,是在学校中逐步了解自己的社会职业角色,学习角色转换,以表现适宜角色行为的过程。初任教师面对陌生的教学环境,在学生面前需要建立受学生喜爱的老师角色,在同事面前需要建立和谐的同事角色,在家长面前需要建立有教学能力的教师角色。但是,角色认知的模糊会给教师的人际交往和角色建立带来困扰,多数职后教师面对烦琐的工作和事务,往往很难把握主观需求和客观现实之间的平衡点,因此难以正确地建立个人角色。

实践性知识的匮乏和角色认知的模糊,是新手教师专业发展过程中遭遇的主要阻碍,往往会影响他们的职业倾向、职业理想和职业稳定。

(三) 胜任期教师专业发展

胜任期指教师在教学教育的各方面都达到专家型水平,一般来说,专家型教师即资深教师,具有如下四个条件:一是工作年限在十五年以上,熟悉教学流程;二是获得了高级职称,或被评为特级教师和教授级教师;三是在学校成为学科中坚力量,起骨干带头作用,成为学科教学不可或缺的教师;四是在领域内成为有一定影响力的名师(肖林元,2013)。

教师的专业成长是个艰辛而漫长的过程,从适应到熟练,从常规操作到自由创造,每个阶段的飞跃都以教师专业素养的提高为基础。资深教师的共同特点是:在某领域有专长,具有敏锐的洞察力和卓越的创造力,能迅速抓住事物的显著特征,有效解决问题(蒋菊,2012)。

与职前教师和初任教师相比,资深教师具有以下优势:第一,记忆和思维能力,他们掌握更多特定领域中的知识技能和技巧;第二,善于构建深层知识结构,他们对问题的深层结构更敏感,从而遇到问题时能更好地从本质解决问题;第三,更善于设计教学来达到教学目标,多年积累的丰富经验使他们能够根据不同情境设计教学,及时调整教学方案以便实现最终的教学目标。

通过对职前期、初任期和胜任期不同阶段的讨论,我们发现每个阶段有不同的发展任务和发展目标。职前期教师需要树立自身的教育信念,培养自身的反思能力并找到自身的核心优势,并应用在未来整个教学过程中。初任期教师在碰到实践性知识匮乏和角色认知模糊等问题时,应该积极地参与各项活动,多与其他教师合作,采纳他人正确的建议,尽快获得自我的发展。而要成为资深教师,首先,需要从所教的学科内容和所教课程的教学方法中不断学习;其次,需要进行"元思维",使日常教学完成自动化;再次,需要培养敏锐的观察能力和解决问题的能力,并要学会重新界定问题,使问题变得容易(郑毅,盛群力,2010);最后,需要心理层面的发展,并配合教学的方法和技能,早日获得自身的提升和完善。综上,教师专业发展是一个逐步上升的过程,教师在每个阶段都应有意识地反思自己的不足,培养自己的能力,以便获得全面的专业发展和提升。

三、教师胜任力

对"胜任力"问题的研究是当代心理学、教育学、人力资源管理等学科领域热点之一。McClelland(1973)在《美国心理学家》杂志上发表《测量胜任特征而非智力》一文,第一次提出"胜任力"概念。他认为:胜任力是能够将某一工作中表现优异者与表现平平者区分开来的个人潜在的、深层次的特征,它可以是动机、特质、态度或价值观、某领域的知识、认知或行为技能——任何可以被可靠测量并能够有效区分优秀绩效和一般绩效的个体特征。随着教育改革的深入,胜任力也被引入到教育领域中。

(一)教师胜任力的定义及其测量工具

Watts(1982)认为教师胜任力是指成功的教学实践所必需的教育教学方面的知识和技能;也有人认为,把教师作为一个职业区别于其他职业的那些特征即教师胜任力(Moss,1971);Olson 和 Wyett(2000)认为教师胜任力指教师的人格特质、知识和在各种教学背景下所需要的教学技巧和教学态度的综合。它属于教师的个体特征,是教师从事成功教学的必要条件,也是教师教育机构的主要培养目标(李玉华,林崇德,2008)。

综合以往文献,我们发现与教师胜任力相关的研究中,研究方法或采用调查法、测量法等分析优秀教师的素质,或者通过历史经验法对教师素质进行归纳,或者对不同人群所认为的理想教师应具备的素质进行调查。但是上述方法搜集到的数据主要都是理论性的资料,对教师胜任力的行为研究较少,且这类研究的数量也是有限的。

徐建平(2004)关于教师胜任力模型与测评研究运用行为事件访谈法(behavioral event interview,BEI)和心理测量技术,质性研究与量化研究相结合,在国内率先从胜任力测评角度对教师胜任力进行了严格的实证性研究。其编制的《教师胜任力测验》,在很大程度上能够帮助人们剖析出高效能优秀教师取得成功的胜任力特质,以及合格教师应该达到的基本胜任品质。

(二)教师专业发展与教师胜任力的关系

教师专业发展指在教师的整个职业生涯中,通过专业训练,获得专业知识、技能,表现出专业素养,且逐步提高个人教学素质,最终成为一个良好的教育工作者的专业成长过程。教师在不同成长发展阶段,由于知识、技能、经验、阅历的不同,其胜任力也会不断提高或发展(叶荷轩,赵姗,苗元江,2010)。近年来越来越多的研究集中于探讨个人特质对教师专业发展过程的影响,而教师胜任力恰恰属于教师的个体特征之一,有大量研究支持通过培养教师胜任力来促进教师专业发展(曹中秋,2013;张雷,2009)。教师专业发展与胜任力的关系表现为:第一,教师胜任力发展是教师专业化发展的基础。只有具备专业知识、专业技能的教师才有专业发展的可能;只有具有专业态度、专业价值观的教师才能在教学中反思、认识和提高。第二,教师胜任力发展能够推动教师专业化发展。教师胜任力模型能够对教师的知识、技能和专业价值观做出公平的测量,区分出优秀绩效和一般绩效教师,从而对一般绩效教师进行培训。另外,教师自身也会针对性地加倍努力和提高,从而自觉地促进教师专业发展(叶荷轩,赵姗,苗元江,2010;赵辉,2012)。

因此,在整个教师专业发展进程中,教师胜任力应是全程关注的一个重要问题。李玉华和林崇德(2008)指出,在教师职业生涯发展的不同阶段,比如入职初期的适应阶段、职业生涯的成熟期、职业衰落期等,教师胜任力有不同的表现形式。也就是说,胜任力是衡量教师专业发展状况的指标,应该针对特定的发展阶段的教师群体进行取样建模。这样一来,基于科学的胜任力评估,就能对不同成长阶段的教师进行有针对性的专业发展指导,从而使教师合理定位自己专业发展目标,处理发展中面对的具体问题,真正获得专业发展。

四、自我与教师专业发展

自我是人类心理活动的重要结构成分,是人与环境交互作用的主体,也是我们组织加工环境信息的参照。我们在自我认知、自身动机、需要的基础上选择加工环境信息,调控自身行为。了解自我心理活动的规律有助于我们了解自我、了解自身生命的价值和意义。对于教师,更有必要了解——自我是职业活动重要的内部动因,即教师的教育教学活动是否能够取得成功、是否能够促进学生的成长、是否能够在职业活动中获得成就感,无不取决于一个教师拥有怎样的自我。因此,以下将从自我的视角探讨教师的专业发展,讨论自我心理特征的十个方面,即自我意识、自我效能感、自我建构、自尊、自我调控、自我和谐、自我概念、自我接纳、自我监控和核心自我评价对教师专业发展的影响。

(一) 自我意识

自我意识是人认识自我以及自我与客观世界的关系,并通过自身改造,以达到个人实现或完善的过程;自我意识是一个主动调节自身的过程;自我意识还必须建立在自我分化的基础上,只有当自我分化出作为主体的自我和作为客体的自我以后,自我才能成为意识的对象,并在意识水平上产生对自我的认识和调节(桑标,程渊,1994)。自我意识的定义把自我认识与自我调节相结合,从实践主体的角度充分体现了人对自身发展的能动性,使自己拥有完整的个性,因而自我意识是自我结构的基础。

在整个教师专业发展的过程中,较高的自我意识对教学工作起着重要的作用。第一,因为自我意识是人认识自我和客观世界关系的条件,高自我意识教师充分了解自己,认识到自己的教学优势,保持并发展这一优势,同时也能更好地了解学生;第二,自我意识包括对自身的调整与改造,教师在教学中要时常察觉自身的不足,不断进行教学实践,在实践中反思,在反思中发展,在发展中创新,最终达到个人实现和完善。相反,低自我意识教师较少关注自己,很少花时间研究自己的想法和情感,也较少内省(乔纳森·布朗,2004)。因此,他们在教学中容易止步不前甚至故步自封,怠于追求更好的发展。

（二）自我效能感

自我效能感是指个体在实施某一行动之前对自己能够在什么程度上完成该行动所具有的一种信念、判断或把握的感受能力,它包括结果预期(outcome expectation)和效能预期(efficacy expectation)两种成分。结果预期是指个体对自己的行为可能导致的结果的预测,效能预期是指个体对自己的行动能力的主观判断(Bandura,1997)。可见,自我效能感是个体对自身能力的一种主观判断。一般情况下,人们在推测到某一活动的好结果或者判断自己有能力完成一件事才会尽力去做这一活动。如果相信自己没有能力得到某种预期结果,那么将不会尝试该事件(高申春,2000)。自我效能感还影响一个人的行为动机,低自我效能感的人倾向于选择较容易的任务,遇到困难时容易放弃,时常怀疑自己的能力,还会设想失败带来的后果,这会导致过度的心理压力和不良的情绪反应,影响问题的解决,易造成不良结果,而不良的结果又进一步降低自己的效能感,从而形成恶性循环;高自我效能感的人则相反,在解决问题的过程中能逐步提高自我效能感,形成良性循环(杨翠娥,2011)。

对于教师而言,他们的自我效能感的形成会影响他们的工作态度、教学行为和身心健康。高自我效能感的教师对待工作更加积极,感觉自己有能力完成教学目标和任务,在教学中碰到困难和挫折时,会及时调整心态和教学策略,以便不偏离教学轨道;低自我效能感的教师也许在遇到困难时容易气馁,怀疑自己解决问题的能力,教学活动按部就班,畏于发展和创新。因此,提高教师的自我效能感有重要的意义。

（三）自我建构

Markus和Kitayama(1991)从个体自我和他人关系的角度理解自我的认知结构,称为"自我建构"(self-construal)。其理论的出发点是,不同文化中,人们在看待自我与他人的关系视角上有所不同:西方人强调自我与他人的差异,而东方人强调自我与他人的联系。Markus和Kitayama由此区分了两种不同的自我建构类型:在西方个人主义文化中具有典型性的独立型自我建构(independent self-construal)和在东方集体主义文化中具有典型性的依存型自我建构(interdependent self-construal)。Markus 和 Kitayama 认为独立型自我建构的个体注重自身独特性,追求个人的独立自主,与之联系的自我表征多涉及个人特质、能力和偏好,这种自我认识的一个核心要点是,每个人都是自主、独立的个体。依存型自我建构的个体对自我的定义主要以自己与他人的关系,以自己在团体中的地位和身份为基础。依存型自我最基本的目标是维持人际联系,渴望获得良好的人际关系。而这一目标能否实现在很大程度上依赖于情境(刘艳,邹泓,2007;刘艳,2011)。Singelis(1994)的研究认为,独立型自我建构和依存型自我建构是两个相互独立、相关不显著的维度。它们可以同时存在于个体身上,并根据情境的不同展现出来。

与教师专业发展相联系,教师的"自我建构"是指教师在教育教学实践中对自己已有的教育知识、教育策略、教育技能等进行的主动的、个性化的加工(李显德,李慧燕,2014)。独立型自我建构的教师在进入教学活动时,常带着明显的个性特征,使得教学过程中的教学知识具有个人化特质,并且和教师本身的个性有很大的联系;他们在实践中对教育策略的选择也因其个性特质而不同。另外,Kwan,Bond 和 Singelis(1997)的研究发现依存型自我建构可显著预测人际关系的和谐程度,依存型自我建构的教师在进入教学活动时,更容易建立良好的师生关系和同事关系,而良好的人际关系也有助于其教学水平的发挥。

(四) 自　尊

自尊是健全人格的重要组成部分,它是一种自我认识和自我评价的心理,表现为承认和重视自我存在的价值,喜欢自我的情绪以及接受自我的意向。不同学者从不同角度对自尊进行了定义。林崇德(1995)认为自尊是自我中最具有评价意义的,是对自己的一种态度体验;还有学者认为自尊是个体对自己的总体的积极态度(黄希庭,尹天子,2012)。总的来说,自尊是最具有情感意义的自我评价(乔纳森·布朗,2004)。教师往往具有一种特殊的自尊意识(翟莉,王守恒,2012)。

教师自尊作为教师人格的一部分,无论是对教师自身人格魅力的凸显还是对教师的专业化发展都有着重要的推进作用。自尊能使教师萌生强烈的自强意识和积极的自强行动,寻求自身的专业发展;自尊还能促使教师重视研究者和教育者的双重角色,推动其在学术领域的追求,有助于实现自身的专业发展;自尊也有助于人际间的合作,是教师获得专业支持和情感支持的来源,从而进一步实现专业发展(翟莉,王守恒,2012)。

（五）自我调控

自我调控(self-regulation)是个体根据时间和环境的变化来调整自己目标的内部处理机制,调控意味着个体能自动地使用某种机制来调节和控制自己的认知、情感和行为(王玉莹,2013)。Teresa(1996)把自我调控分为两类:强调"自我"的自我调控和强调"调节"的自我调控。前者强调自我在行为调控中的作用,尤其是个体调控行为的策略,如果个体能够自主选择并有效运用已有的工具、知识、技能和其他资源,就可以认为该个体能够进行自我调控;后者强调设立个人目标和实现目标的行动及策略。

良好的自我调控可以帮助教师设立恰当的教学目标,并通过调整自己的教学方法来实现教学目标;同时还能够帮助教师减少由教学过程中遇到的挫折、困难所带来的沮丧、挫败等消极情绪,使他们更加不畏困难和挑战,调整自己的状态为目标服务。而缺乏自我调控能力的教师,较少依据环境和反馈及时调整自己的教学目标,一旦目标无法实现,他们会有高水平的心理压力,甚至产生更多的负面情绪,如果把这种负面情绪带入课堂,就会产生一种恶性循环的状态。

（六）自我和谐

人本主义学者Rogers认为自我和谐是指自我内部的协调一致以及自我与经验之间的协调,其具体含义表现在两个方面:个体各种自我知觉的协调一致;个体对自我的看法与自身实际表现相一致,包括对能力和情感的自我评价、自我一致性等。如果各种自我知觉之间出现冲突或者个体感受到自我与经验之间存在差距,就会感到内心紧张,呈现"不和谐"的状态(高晗,李爽,孙琪,2015)。

自我和谐程度较高的个体表现为自我与经验的和谐程度高,自我的灵活性较高。自我和谐对教师的专业发展有显著影响,自我和谐程度高的教师对自我的看法与其自身表现相一致,较少产生心理冲突感,心理健康水平更高;在教学工作中他们的知识面更广泛,思维方式更灵活、深刻,因此也能从更多方面来思考自我的问题,善于用知识理论来完善自我,当自我不和谐时他们会想办法寻找能够获得帮助的资源和途径。相反,自我和谐程度低的教师,通常表现在自我与经验出现不和谐的状况,容易产生焦虑情绪。他们在教学中更容易刻板化、不灵活,对自己的教学知识、教学技能、教学策略缺少内省,更加"固执"。

(七) 自我概念

自我概念是自我的重要的组成部分,也是人格结构的核心部分。心理学界的各个领域都给出了"自我概念"的相关定义。Cooley 于 1902 年提出"镜像"自我概念,即个体通过觉察他人对自己的看法而形成自己对自己的看法认识。Mead 在 1934 年对这一理论进行了发展,提出了符号互动论,认为个体在与他人的互动过程中才能觉察别人对自己行为的反应并以此形成自我概念(刘凤娥,黄希庭,2001)。人本心理学家罗杰斯认为自我概念是个体对自己各个方面和与其有联系的周围生活的知觉,以及和这一系列的知觉有关的价值观念(刘化英,2000)。但是从总体上来说,他们都认为自我概念是个体对自己主观的知觉和判断,包括对自己的生理状态、人格、态度、过去经验、社会角色等方面的认知,是由一系列信念、态度和价值标准所组成的认知结构(陈进,2013)。

教师自我概念是教师素质的重要构成成分之一。已有研究表明,教师的自我概念水平和学生的自我概念发展呈正相关;教师的自我概念水平和他们的工作满意度呈正相关,自我概念水平高的教师从工作满意度中获得的情绪性支持更大(沃建中,申继亮,1993)。

(八) 自我接纳

自我接纳是个体对其自身所具有的全部特征都愿意去了解和面对,并且能无条件接纳,还能确认其客观存在和积极的价值,不盲目自傲、自卑,更不会因他人的评价、看法而动摇(李闻戈,2002)。Shelley 和 Ellen(2006)也指出自我接纳有两个重要的方面:一是个体有能力并且自愿让他人看到自己最真实的一面,二是个体能够对自己做出恰当的评价。

自我接纳体现了个体正确的自我认知,自我接纳水平越高,自我越和谐。教师的自我接纳程度越高,越能客观地评价和接受自我的能力和素养,不会盲目自傲、自卑,也不会被他人的负面评价所影响,在与学生相处的过程中,更愿意呈现真实的自己。而自我接纳程度低的教师自我和谐的水平也不高,对自我的评价常常会有失偏颇,对自我的进一步调整也有影响。

(九) 自我监控

自我监控是指在生活情境中强调个人印象管理的倾向,表现为个体是否随情境的变化而不断地改变自己或者保持一致。自我监控可以用来解释人们某些社会行为的个体差异,即有的人总是我行我素,天马行空;有的人总是见风使舵,行为就像变色龙;而有的人则能较好处理个体与环境的关系。Snyder(1973)认为高自我监控者的行为会随情境的变化而变化,而低自我监控者的行为并不能根据情境的改变有效地调整自己的行为。肖崇好和谢亚兰(2012)提出,高自我监控者对情境线索要求的适当行为更加敏感,他们的社会行为更关注人际和谐,因此当人际不和谐时,他们会有更多的焦虑感,情绪波动会较大,压抑感会很强。

从教师专业发展的角度来看,由于高自我监控的教师对环境线索的敏感,会出现更多依据环境线索而改变自身行为模式的行为,而这在教学过程中恰恰是有害无利的。教学活动需要教师的连贯的、一致的教学和行事风格,并非需要教师去迎合他人改变自己。相反,低自我监控的教师,言行一致,若能很好地建立自己的威信,应该能更好地为学生树立榜样,做好教学工作。

(十) 核心自我评价

Judge 等在 1997 年提出了"核心自我评价"(core self-evaluation,CSE)的概念,将其定义为个体对自身能力和价值的最基本评价,它是一种潜在的、宽泛的人格结构。经后人总结,核心自我评价是指个体对自己的价值和能力做出的最基本的评价,同时它还能够潜意识地影响个体对外界或者是他人的评估(李洪玉,崔英文,何一栗,肖鹏,王璐,2014)。Srivastava,Locke 和 Judge (2002)的一项实验研究发现,核心自我评价得分高的被试会更愿意选择相对复杂的任务,而且任务复杂性在核心自我评价与任务满意度之间存在部分中介效应。这表明,核心自我评价得分高的个体更愿意接受具有挑战性的工作,他们认为自己的工作是有价值的,因此能体验到更多的成就感和满意感。

与教师专业发展相联系,有较高核心自我评价的教师,更能进行自我反思,对自己的教学工作进行诊断,从而发现教学目标、策略方面存在的问题,也能很好地了解自己的优势和不足。从这种"设计—实施—评价(反思)—再设计"的过程中,获得了专业的发展。而低核心自我评价的教师,对自己的教学实践的反思较少,不太能发现教学中存在的问题,阻碍了专业发展的道路。

综上,自我心理特征中的这十个方面都对教师专业发展有重要影响。教学方面,面对教学困难教师不轻易放弃,积极调整自己的计划和目标,主动解决问题并总结经验,在教学过程中形成自己的独特教学风格;人际方面,认识到自身的优势与不足,主动调节面对不同学生、家长和同事的交际策略,不仅做到自我身心和谐,也要做到人际和谐。教师在今后的教学活动中将外部激励与内在需求相结合,才能更快更好地促进教师专业的发展和进步。

五、小　结

本章从职前、职后、资深的职业进程角度讨论教师专业发展的关键要素：教育信念、反思能力和发展极共同促进职前教师的专业发展；进入新岗位的职后教师要避免实践性知识匮乏和角色认知模糊等问题，继续促进自身的专业发展；资深教师要掌握专业知识技能以保证传授知识的正确性和知识结构的合理性。

教师胜任力是教师专业发展的重要反映。首先基于胜任力模型的教师专业发展，不仅能体现教师专业发展的开放性和主动性，也为教师专业的发展提供了坚实的基础；其次胜任力的提升还能促进职业幸福感的提高，避免教师在教学过程中产生倦怠心理，使教师长时间保持对这份职业的热情与热爱；最后通过对教师胜任力的区分，还可以很好地预测、指导和推动未来教师的专业发展。

教师的自我对其专业发展至关重要。其中自我意识帮助教师认识自身优势，并在教学过程中及时调整教学策略以实现自己的教学目标；自我效能感影响教师的职业信念、工作态度和教学行为等，要避免过低的自我效能感在教学过程中导致的恶性循环现象；自我建构有助于教师对自身教育知识、策略和技能进行主动和个性化的加工；适度的自尊有助于教师打破个人主义，在学术领域形成学习共同体，全面提高教师专业素养；良好的自我调控可以帮助教师设立恰当的教学目标，并通过调整自己的教学方法来实现教学目标；自我概念水平高的教师从工作满意度中获得的情绪性支持更大，更有利于教学；教师的自我接纳程度越高，越能客观地评价自我的能力和素养，不会盲目自傲、自卑，也不会被他人的负面评价所影响；核心自我评价高的教师，更能进行自我反思，对自己的教学工作进行诊断，从而发现教学目标、策略方面存在的问题，了解自己的优势和不足。

本章参考文献

班杜拉.自我效能：控制的实施[M].缪小春，等译.上海：华东师范大学出版社，2003.

曹中秋.胜任力视角下高校青年教师专业发展探析[J].文教资料，2013(13).

查尔斯·霍顿·库利.人类本性与社会秩序[M].包凡一，王湲，译.台北：桂冠图书股份有限公司，1994.

陈斐.初任教师专业发展初探[J].教育评论，2012(1).

陈俭贤.通过增强自我反思意识促进教师专业发展[J].基础英语教育,2011(3).

陈进.多为内隐自我概念的特性与应用研究[D].上海:华东师范大学,2013.

陈向明.实践性知识:教师专业发展的知识基础[J].北京大学教育评论,2003(1).

陈颖.关于批判反思型教师的思考[J].教育探索,2004(10).

戴维·迈尔斯.社会心理学[M].张智勇等译.北京:人民邮电出版社,2006.

杜柏伊斯.绩效跃进——才能评鉴法的极致运用[M].李芳龄译.汕头:汕头大学出版社,2003.

方兴武.当代师范生教育信念的基本建构[J].中国成人教育,2008(8).

福柯.词与物——人文科学考古学[M].北京:三联书店,2001.

高晗,李爽,孙琪.自我和谐的相关研究[J].理论研究,2015(1).

高申春.自我效能理论评论[J].心理发展与教育,2000(1).

郭春才.信息化教育环境下教师胜任力研究[J].中国远程教育,2012(17).

黄希庭.时间与人格心理学探索[M].北京:北京师范大学出版社,2006.

姜美玲.教师实践性知识研究[D].上海:华东师范大学,2006.

蒋菊.专业自主:专家型教师专业发展的特征与取向[J].辽宁师范大学学报(社会科学版),2012(5).

金美福.教师自主发展论[M].北京:教育科学出版社,2005.

李姗姗.福柯的自我建构理论及教育意义[J].东北师范大学学报,2008(4).

李闻戈.对大学生自我接纳的现状及特点的研究[J].宁夏大学学报,2002(1).

李玉华,林崇德.国内外教师胜任力研究比较及思考[J].比较教育,2008(1).

李壮成.教师专业发展阶段探析[J].四川文理学院学报,2013(6).

林崇德,申继亮,辛涛.教师素质的构成及其培养途径[J].中国教育学刊,1996(6).

刘凤娥,黄希庭.自我概念的多维度多层次模型研究述评[J].心理学动态,2001(2).

刘化英.罗杰斯对自我概念的研究及其教育启示[J].辽宁师范大学学报(社会科学版),2000(6).

刘艳,邹泓.自我建构理论的发展与评价[J].心理科学,2007(5).

刘艳.自我建构研究的现状与展望[J].心理科学进展,2011(3).

陆伟,葆乐心.教师专业发展阶段论对教师教育工作的启示[J].继续教育,2014(24).

罗杰斯.罗杰斯著作精粹[M].刘毅,钟华译.北京:中国人民大学出版社,2010.

马一博.论师范生"职前教师专业发展"的机制[J].湖北经济学院学报(人文社会科学版),2009(6).

米德.米德自传[M].台北:巨流图书公司,1976.

宁虹.教育研究导论[M].北京:北京师范大学出版社,2010.

乔纳森·布朗.自我[M].北京:人民邮电出版社,2004.

桑标,程渊.试论自我意识理论在教育中的应用[J].心理发展与教育,1994(1).

宋广文,魏淑华.论教师专业发展[J].教育研究,2005(7).

王玲.高校教师专业发展的理论与实现途径研究[J].教学研究,2015(2).

王玉莹.自我调控研究综述[J].华章,2013(6).

沃建中,申继亮.中小学教师自我概念发展的研究[J].心理发展与教育,1993(3).

肖崇好,谢亚兰.自我监控与心理健康的相关研究[J].衡阳师范学院学报,2012(2).

肖林元.资深教师专业再发展的五个要素[J].江苏教育,2013(1).

徐厚升.论社会角色理论视野下教师角色的构建[J].改革与开放,2011(9).

徐建平,谭小月,武琳,马利文.优秀教师的胜任特征——来自文献与调查的证据分析.当代教师教育[J],2015(8).

徐建平.教师胜任力模型与测评研究[D].北京:北京师范大学,2004.

许建美.浅谈反思型教师的素质结构及培养[J].师资培训研究,2001(1).

杨翠娥.自我效能感:教师成长力的内在动因[J].教育探索,2011(8).

叶荷轩,赵姗,苗元江.培养教师胜任力促进教师专业发展[J].教育纵横,2010(4).

叶澜,白益民等.教师角色与教师发展新探[M].北京:教育科学出版社,2013.

殷凤.教师专业发展阶段研究及实践推进[J].教育研究与评论,2014(5).

翟莉,王守恒.论专业化时代大学教师的自尊文化[J].郑州航空工业管理学院学报(社会科学版),2012(4).

张雷.胜任力视角下高校辅导员专业化与职业化建设思考[J].教育与职

业,2009(27).

赵辉.基于教师胜任力的学习管理创新[J].教育与教学研究,2012(8).

赵明仁.论教师专业发展的再概念化[J].教师教育研究,2006(7).

郑洁.胜任力视角中的高校教师资格认定[J].教育评论,2013(5).

郑毅,盛群力.如何成为一名专家型教师——斯滕伯格论专家型教师的基本特征[J].远程教育杂志,2010(6).

周钧.美国教师专业发展范式的变迁[J].比较教育研究,2010(2).

朱桂琴.论教师专业发展进程中的教学技能[J].当代教育科学,2009(17).

朱小蔓.教育的问题与挑战:思想的回应[M].南京:南京师范大学出版社,2000.

Berglas,S. & Jones,E. Drug choice as a self-handicapping strategy in response to noncontingent success[J]. *Journal of Personality and Social Psychology*,1978,36.

Boyatzis, R. E. Rendering into competence the things that are competent[J]. *American Psychologist*,1994,64−66.

Bond, L. , Smith, T. W. , Baker, W. K. & Hattie, J. A. *The Certification System of the National Board for Professional Teaching Standards: A Construct and Consequential Validity Study* [M]. Greensboro,NC: Center for Educational Research and Evaluation,2000.

Rogers, Carl. *On Becoming a Person* [M]. Boston: Houghton Mifflin,1961.

Houyle, E. Professionalization and deprofessionalization in education. Professional development of teachers[M]//*World Yearbook of Education*. London: Kogan page,1980.

Hackney,C. E. Three models for portfolio evaluation of principals[J]. *School Administrator*,1999,56.

Kwan, V. S. Y. , Bond, M. H. & Singelis, T. M. Pancultural explanations for life satisfaction: Adding relationship harmony to self-esteem[J]. *Journal of Personality and Social Psychology*,1997,73.

Moss,J. Jr. Assumptions underlying preservice programs for beginning-level vocational teacher[M]//Evans, R. N. & Teny, D. R. Changing the Role of Vocational Teacher Education. Bloominon: Mcknight & Mcknight,1971.

McClelland,D. C. Testing for competence rather than for intelligence[J].

American Psychologist,1973,1—14.

Markus,H. R. & Kitayama,S. Culture and the self: Implication for cognition,emotion and motivation[J]. *Journal of Personality and Social Psychology*,1991,98.

Olson,C. & Wyett,J. L. Teachers need affective competencies[J]. *Project Innovation Summer*,2000(7).

Snyder,M. Self-monitoring of expressive behavior[J]. *Journal of Personality and Social Psychology*,1993(4).

Srivastava,A. ,Locke,E. A. & Judge,T. A. Dispositional causes of task satisfaction: The mediating role of chosen level of task complexity[C]. //R. Ilies (chair). Core self-evaluations: New developments and research findings. Symposium presentation at the Society for Industrial and Organizational Psychology Annual Meetings Toronto,2002.

Shelley,H. C. & Ellen,J. L. Mindfulness and self-acceptance[J]. *Journal of Rational-Emotive & Cognitive-Behavior Therapy*,2006,24.

Teresa,E. S. Self-efficacy,physical decline and change in functioning in community-living elders: A prospective study[J]. *The Journal of Gerontology*,1996,183—190.

Utley,B. L. ,Basile,C. G. & Rhodes,L. K. Walking in two worlds: Master teachers serving as site coordinators in partner schools[J]. *Teaching and Teacher Education*,2003,19.

Watts,D. Can campus-based pm-service teacher education survive? Part Ⅱ: *Professional knowledge and professional studies*[J]. *Journal of Teacher Education*,1982,33(2).

第二章 自我的心理测评研究

一、引　言

自从1890年William James第一次提出"自我"的概念后，"自我"这一主题逐渐被心理学家注意到，自我逐渐成为心理学的研究热点。特别是在认知革命开始之后，自我更是在一个迅速上升的轨道上快速发展。关于自我的一系列研究发现使得这一领域蓬勃发展，得出的成果也激荡人心。但是与此同时也产生了新的问题，自我的相关研究虽然生机勃勃，但通常是独立发展的，使得我们很难对自我有一个全面的理解。Carolyn和Walter综合了目前关于自我领域的研究成果提出了一个综合的自我心理整合模型，并且指出自我的各个方面与功能并不是独立的，自我是一个认知—情绪表征连贯的结构，在这个整合的自我系统中包括不同的心理变量，如自我知识和自我概念，自我相关目标，关于自我的信念和期望（如自我效能），个体关于自我的理论，关于自我的相关情绪（如焦虑、羞耻和自豪），个体的核心价值观以及自我调节，自我评价和自我建构能力等（乔纳森·布朗，2004）。

由于这些心理变量所反映的自我心理内容对人的心理健康、正常的生活和工作至关重要，因而有大量的心理学家们以这些自我心理变量为基础编制测验量表，通过测验获得人群的自我心理状态，并进一步探索自我系统中的这些心理变量对其他心理功能的影响，以及它们的交互作用对人的认知、行为的影响。

二、自我的心理测评研究内容

综合梳理目前通过量表测评形式进行自我课题研究的文献，我们发现自我心理测评研究主要集中于以下几个方面：自我评价、自我效能、自我接纳、自我和谐、自我监控、自我监控策略、自我意识、负面评价恐惧、自我建构以及自我概念。

（一）自我评价

自我评价这一概念是从 Duval 和 Wicklund(1972)最早提出的客观性自我觉察理论演化而来的,他们在这一理论中认为个体可以像知觉环境中的各种刺激一样把自身当成一个客观的刺激来加以知觉,当个体把自己的注意力指向内部并把意识集中到自身时,就产生了客体性的自我觉察,这种觉察会使个体自身自发地与标准进行比较,进而产生自我评价。也就是说自我评价是个体对自己的思想、能力、水平等方面所做出的积极或者是消极的判断(郭海燕,2007)。

目前关于自我评价的测评研究主要集中于自尊(整体自尊、社交自尊)和核心自我评价两个方面。自尊和核心自我评价是自我评价最基础、最重要,也是最具有特色的部分,对这两个方面的研究可以让我们对自我评价的了解更为全面与深入。

1. 整体自尊的测评研究

不同学者从不同的角度对"自尊"进行了定义。从历史上来说,1890 年 James 在其著作《心理学原理》中给出了一个自尊的公式,即:自尊＝成功÷抱负。意思是自尊取决于成功,同时还取决于这个成功事件对于人的意义。这个公式无疑影响了之后的学者对于自尊的定义。例如 Coopersmith 于 1967 年提出自尊是客体对自己的能力或价值做出的肯定或者否定的自我评价,并且这种自我评价在一定程度上是稳定的；林崇德(1995)则认为自尊是自我中最具有评价意义的心理变量,是对自己的一种态度体验；还有学者认为自尊是指个体对自己总体所持有的积极态度(黄希庭,尹天子,2012)。总的来说,自尊是最具有情感意义的自我评价(乔纳森·布朗,2004)。目前对自尊的测评研究主要集中在对整体自尊的测评研究,整体自尊是自尊结构中的重要组成部分,它会指导个体对评价性反馈的情感反应(郑顺艺,2011)。

当前广泛使用的整体自尊测量量表是 Rosenberg 于 1965 年编制的自尊量表(self-esteem scale,SES)。该量表由 10 个条目组成,量表分四级评分,"1"表示非常符合,"4"表示很不符合(孙钦玲,2007)。量表主要用于评定关于自我价值和自我接纳的总体感受,即测量个体的整体自尊。从认知行为研究来看,量表得分比较高的个体对信息会进行更加积极的加工,更为乐观与自信。面对失败时会采取防御策略,对失败的原因进行外部归因。得分比较低的被试其自尊水平比较低,更容易焦虑、抑郁,产生攻击行为；面对失败时更容易注意负面的结果,会因失败责备自己,对自己的能力进行过低估计(Baumeister,Campbell,Krueger & Vohs,2003)。Debson 和 Fleming(1984)

对该量表的内部一致性信度分别做了测评,信度系数分别是0.77和0.88。除此之外 Fleming(1984)等人还做了复测信度的测量,结果显示复测信度为0.82。与之相对应,王萍等(1998)测量了罗森伯格(Rosenberg)自尊量表用于中国学生时的复测信度,值为0.78,田录梅(2006)在做自尊的相关研究时曾有两项研究使用了中文版的罗森伯格自尊量表,结果显示量表的内部一致性信度系数为0.79。这几项结果表示在国内罗森伯格自尊量表的内部一致性信度系数与国外类似,复测信度的系数比国外略低,但总体来说罗森伯格量表的内部一致性信度在0.7以上,是一份信度较高的测量量表。

根据该量表的测量目的,目前该量表的应用主要集中在两方面。其一是用于实证研究中被试的筛选,该量表是用于测量个体整体自尊的良好测评工具,因而在实证研究中被广泛用于筛选不同外显整体自尊水平的被试(蔡华俭,2003;李海江,杨娟,贾磊,张庆林,2011)。其二是用于帮助判定个体的身心健康状况,具体来说就是集中于测量自尊水平与负面情绪两者之间的相关关系研究。我国学者曾在我国被试中施测了此量表,用以调查自尊对负面情绪的缓冲作用,提出自尊是负面情绪的缓冲器。高自尊的个体在遭遇失败后的抑郁和焦虑反应少,因而高自尊的个体拥有更良好的情绪状态(张向葵,田录梅,2005)。随着相关方面的研究增多,在近几年的研究中,有研究者已经明确提出自尊水平和抑郁焦虑水平是呈负相关的(孙晓玲,吴明证,2011),高自尊水平的个体抑郁水平比较低(Sowislo & Orth,2013)。同样的 Chih-Che Lin(2015)在他的研究中也再一次验证了这一结果。结果显示,和低自尊水平的个体相比,高自尊水平个体抑郁水平比较低,较少产生厌世等负面情绪,在生活中多是比较积极乐观的,身心健康状况良好。众所周知,自尊在一定程度上根植于社会文化价值观,受到不同的文化价值观的影响(黄希庭,尹天子,2012),集体主义文化下的个体更强调自己的集体性和社会性,因而人们的自尊个人取向较弱,反之西方国家的个体强调个体自身的价值和能力,因而自尊的个人取向强(翁嘉英,杨国枢,许燕,2009)。另外,与西方文化下的个体相比,在东方文化背景下的个体受到儒家文化的影响,抑制个体直接表达对自己的积极评价,由此可见自尊是必然存在文化差异的(Tafarodi,Shaughnessy,Yamaguchi,& Murakoshi,2011)。因而 Jian-Bin(2015)等人使用自尊量表做了一项跨文化的调查研究。这项跨文化研究显示自尊会受到文化环境的影响,东方文化背景下的个体自尊水平要普遍低于西方国家个体的自尊水平,但是,在这两种文化下的自尊水平都和抑郁水平呈负相关。这说明自尊水平和抑郁水平之间的关系是稳定的、一致的。综合以上的研究成果,自尊水平的高低在一定程度上会直接影响人们的心理健康状态。

2. 社交自尊的测评研究

和整体自尊一样,社交自尊也是自尊结构中不可或缺的一部分。社交自尊是指个体对自己的社交能力、社交状况的情感评价与体验(姚晓琳,刘洪,郭成,2011)。高社交自尊的个体通常会感觉自己的社交能力良好,生活中比较乐观,也更能接纳自己,有良好的心理状态(罗丽芳,陈梦华,2009)。

Helmreich 及 Stapp 根据社交自尊的理论编制了"得克萨斯社会行为问卷",原始量表有 32 个题项,1994 年他们对量表进行了修订,新修订的量表题目共 16 项,分为 A、B 两个分量表,采用五级评分制,主要用于客观评定个体的自我价值感或社交能力,从而对被试的社交自尊进行评定(李妍君,朱小爽,陈英和,2014)。分数越高,个体的社交自尊越高,在与他人相处时会感觉比较轻松、容易,同时也会比较喜欢自己;反之,分数越低,说明个体的社交自尊水平越低,其在社交场合的舒适度和胜任程度会比较低(于茜,2014)。Helmreich 和 Stapp 在 1994 年对量表进行修订时指出两个分量表和总量表的相关系数为 0.97,两个分量表之间的相关系数为 0.87。李妍君等人(2014)使用中国大学生为被试也对得克萨斯量表做了信度分析,研究表明其内部一致性系数为 0.64。

目前关于社交自尊的测评研究主要集中于社交自尊与社会支持、孤独感,社交自尊和家庭亲密度的相关关系研究。李妍君等人(2014)的研究表明社会支持和社交自尊呈正相关,社会支持会通过社交自尊间接影响个体的主观幸福感。与此同时,她的另一项研究也指出社交自尊、社会支持与孤独感呈负相关,并且个体的社交自尊对孤独感有显著预测力(李妍君,赵珊,苗元江,2010)。还有许多学者从社会支持的各个方面对社会支持和社交自尊的关系做了探究。例如,领悟社会支持是社会支持的重要组成部分,姚晓琳等人(2011)对领悟社会支持和社交自尊的关系做了研究,研究表明二者呈显著的正相关;社会支持包括来自各个方面的支持,其中家庭支持是最为重要的方面。罗丽芳和陈梦华(2009)的研究表明,家庭的亲密度适应性与社交自尊呈正相关,并且家庭的亲密度可以预测社交自尊。综合以上研究结果,社交自尊和社会支持之间有着密不可分的关系,并且社交自尊的良好发展可以有效地促进人们的心理健康。

3. 核心自我评价的测评研究

核心自我评价最早是 1997 年 Judge 提出的。核心自我评价指的是个体对自己的价值和能力做出的最基本的评价,同时它还能够潜意识地影响个体对外界或者是他人的评估(李洪玉,崔英文,何一栗,肖鹏,王璐,2014)。

　　Judge等人提出了核心自我评价的基本概念之后,依据这一概念编制了直接测量核心自我评价的工具——核心自我评价量表(core self-evaluations scale,CSES),用于综合测量核心自我评价状况。杜建政等人(2007)对该量表进行修订翻译,同时对量表的信度进行分析,统计结果表明该量表的内部一致性信度系数为0.83,重测信度为0.82,因而说明该量表有较高的信度。相关领域研究者通过对大学生被试施测,结果显示,拥有高核心自我评价水平的人认为自己是有能力的,因而会有更强的成就动机,具有更加积极的自我概念。低核心自我评价的个体则与之恰恰相反(黎建斌,聂衍钢,2010)。

　　由于核心自我评价这一概念是Judge等人整合了一系列的关于工作满意度的人格倾向研究提出的(杜建政,张翔,赵燕,2007),因而核心自我评价的测评研究常常用于探讨在工作领域中员工的核心自我评价。张琳琳,David和李楠(2013)以新生代员工作为他们的调查对象,调查结果表明,新生代员工的核心自我评价对他们的工作投入有显著的正向影响,高核心自我评价的新生代员工有积极的工作态度,他们认为这是核心自我评价带动工作投入产生的重要原因。无独有偶,国外的学者Gardner和Pierce(2009)以及Albrecht,Paulus,Dilchert,Deller和Ones(2013)等人在各自的研究中也得出核心自我评价和员工的工作效率、工作满意度呈正相关的结论。除此之外,核心自我评价不只是对企业员工的工作有很明显的促进作用,对一些特定职业,例如教师的工作的开展也有很强的促进作用。孙配贞、郑雪、许庆平和余祖伟(2011)对小学教师的核心自我评价、应对方式与工作倦怠之间的关系做了研究。研究发现,应对方式在教师的核心自我评价和工作倦怠之间起中介调节作用。高核心自我评价的个体对自己有更为积极的自我评价,因而个体在工作中遇到压力时会认为自己是有能力控制生活的,会采用比较积极的方式应对工作中的压力事件,例如进行反思教学工作的诊断等,从而有效减少工作倦怠的产生。而低核心自我评价的个体对自己的评价更为消极,在遇到工作压力事件时倾向于采用逃避、自责、幻想等消极应对方式,因而在他们的工作生涯中会产生工作懈怠。这说明核心自我评价在人们的工作行为及工作态度之中扮演着十分重要的角色,并且这些研究结果为理解人格倾向和行为变量两者关系的心理机制也提供了新颖的研究角度。

　　除了上述应用之外,我国的学者还逐渐将核心自我评价引入心理健康领域,考察核心自我评价和心理健康的相关关系。研究表明,核心自我评价较高的个体较少出现厌学情绪,心理状态较为健康(马利军,黎建斌,2009)。发现核心自我评价得分比较高的个体,其 SCL-90 的得分更低,更少出现社会焦虑和抑郁等负面情感,生活中体验到更多的积极的情感。李积念和柳建兴(2013)的研究也表明社会支持较多的个体会有更加积极的核心自我评价,在遇到生活、学业中的种种问题时能更加自信地处理,有效地降低其压力水平,促进了个体在生活、学业及工作领域的心理健康的发展。

（二）一般自我效能的测评研究

自我效能感（self-efficacy）是指个体对于自我实现特定领域行为目标所需能力的信心或者是信念（Bandura，1977），也就是说自我效能感是个体对自己能否有能力完成某一个行为的判断。一个相信自己能够处理好各种事务的人在生活中也会表现得更为积极和主动。这里的自我效感通常情况下被认为是在某一个特定任务领域的概念（陆昌勤，凌文辁，方俐洛，2004），但是，德国心理学家 Ralf Schwarzer 认为有一种一般性自我效能感存在,它指的是个体在面对各种不同的环境挑战或者是新事物时的一种总体的自信心（申继亮,唐丹,2004）。

基于此,他和助手编制了一般自我效能感量表（general self-efficacy scale,GSES）。量表的初始版本共有 20 个项目,后来改进为 10 个项目。量表采用 5 点计分,分别是"完全不同意""不同意""不能确定""同意"及"完全同意"。量表得分越高,个体的应变能力、执行能力越强,生活中会更加积极主动;得分比较低的个体则自我效能感比较低,应变能力、执行能力较差,遭遇挫折时,从挫折中恢复的能力较差（周永安,赵静波,张小远,熊浩,2012）。目前我国使用的中文版本量表由王才康、胡中锋和刘勇（2001）翻译修订,修订结果表明该量表的内部一致性信度 0.87,分半信度 0.90,重测信度为 0.83,说明修订翻译过的中文版本量表有良好的信度。目前关于一般自我效能感量表的测评研究主要是集中于两个方面:一般自我效能感与负性情绪的关系研究;一般自我效能感与个体在工作生活中的幸福满意度的相关研究。

其中在临床心理学中,付梅、葛明贵和桑青松（2005）的研究表明一般自我效能感与一些临床症状,例如恐惧、压抑、情景压力等呈负相关,与焦虑和抑郁等负性情绪也呈负相关,并且一般自我效能感在焦虑情绪和生活事件两者间起调节中介作用。除此之外,孙淑晶和赵富才（2008）以大学生为被试探讨了一般自我效能感、应对方式和社会焦虑的关系,研究发现一般自我效能感和社会焦虑呈显著负相关,提高大学生的一般自我效能感水平,有利于增强其克服困难的自信心。无独有偶,管雯珺（2014）也以大学生为研究对象施测了一般自我效能感量表,考察一般自我效能感和社交焦虑的关系,与孙淑晶等人(2008)的研究不同的是这篇研究探讨了不同自我效能感水平的学生在遇到人际困扰时的表现。研究结果发现,在社交过程中遇到困难时,一般效能感比较高的学生会努力地应对当前的不利局面,化解当前困境的同时会寻找自己身上的不足,从而提高自己的人际交往能力,而一般自我效能感水平比较低的学生在遇到人际困扰时,通常会为当前不利的社交局面寻找各类外部原因,逃避自身不足,在人际交往的不利局面中越陷越深,自身也会越来越焦虑,因而一般自我效能感和社交焦虑呈负相关。

关于一般自我效能感与幸福满意度的相关研究目前也有很多。国外的学者 Luszczynska(2005)在其研究中指出,一般自我效能感高的人生活幸福度会比较高,生活工作中的行为水平也比较高,并且能够很好地处理生活中发生的意外事件。这一结论在后来的研究中也得到研究者们不断的验证(Charrow,2006;Burhan,Osman,Berdan & Fazilet,2012)。我国有学者研究了在工作领域中一般自我效能感和工作中幸福感的关系,研究表明,一般自我效能感和心理和谐呈显著的正相关,并且一般自我效能感能很好地预测员工心理和谐中自我满意度这一维度(杨睿,2012)。张萍等人(2013)以中小学教师为研究对象发现,教师的一般自我效能感水平和工作满意度呈显著正相关,一般自我效能感水平高的教师对工作的满意度比较高,也能在工作中体会到更多的幸福感。

由此看出,一方面,一般自我效能感水平的高低和个体的心理健康程度是密切相关的,是衡量个体心理健康与否的有力指标;另一方面,一般自我效能感的高低也影响个体在工作生活中的满意度,特别是对教师来说,一般自我效能感的高低决定了教师在工作中的努力程度、教学态度、教改意愿。高水平的一般自我效能感使得教师在工作中,积极面对富有挑战性的教学工作,并且会不断地反思、改善自己的教学方法,更有开创性地完成自己的工作。

(三) 自我接纳的测评研究

"自我接纳"这一名词是伴随着"自我"这个概念的出现而出现的,目前关于自我接纳的研究有很多,研究者们也都给出了自己的定义。如 1937 年 Allport 在其著作《人格:心理学的解释》中曾经将自我接纳定义为:"一个人,他能估量自己的抱负,也有能力将其实现;他能将自己的素养与他人相比较,也能接纳别人对他的意见,作为充实、修正自己的参考。自我接纳也就是自我客观化的能力,是洞察,也是健全人格的主要条件。"而 Gough(1956)也给出自己的定义,即将自我接纳定义为个体对自己的态度,这种态度反映了个体自身的价值感及其独立思考的能力。Shelley 和 Ellen(2006)指出自我接纳主要包括两个重要的方面：一个方面即个体有能力并且主动让他人看到自己最真实的一面，另一个重要的方面是个体能够对自己做出恰当的评价。我国学者李闻戈(2002)较好地综合了之前学者们所给出的定义，提出自我接纳是个体愿意去了解、面对自身所具有的全部特征，并且会无条件接纳，能确认其客观存在以及正面价值，认可现实，不盲目自傲、自卑，更不会因他人的毁誉、看法而动摇。

日本学者高木秀明、德永由纪根据自我接纳相关理论编制了自我接纳量表，该量表包括4个分量表，即对肯定自我认知的自我接纳、对否定自我认知的自我接纳、对肯定自我认知的自我排斥和对否定自我认知的自我排斥。对肯定/否定自我认知的自我接纳两个分量表测量的是个体对自己的整体接纳程度，能否接受真实的自我。若是在肯定自我接纳分量表得分较高，说明个体能够接受有价值的自我；若是在否定自我接纳量表上得分较高，说明个体能够接受有缺点的自我，也比较理智(李闻戈，2002)。而对肯定/否定自我认知的自我排斥的测量是探究个体是否会对整体自我有排斥，若是个体在对肯定自我排斥量表上得分较低说明个体对成功的自我排斥性较低，若得分较高则相反；在对否定自我的排斥量表上得分较低说明个体能够正视不完美的自我，若得分较高说明个体逃避面对自己的缺点，对这样的自我抱有排斥的态度(谢兰，2009)。研究者在使用该量表进行研究时对该量表的信度进行了测量，结果表明该量表的内部一致性信度为0.87，重测信度为0.83。目前自我接纳量表一方面会被用来进行跨文化研究，以研究不同文化背景下个体的自我接纳的发展特点；另一方面研究者们会用来研究自我接纳与自尊的相关关系。

在跨文化研究方面，马存芳(2002)选取汉、藏、回的学生作为被试，结果发现，受到历史、文化、信仰等因素的影响，三个民族的学生被试自我接纳情况存在着明显的不同，回族的学生对自我的接纳性最强，而藏族的学生对自我的排斥性更强。刘成芳、陈国典和吴娟(2005)同样也选取不同民族的学生进行了调查，再一次验证不同民族的学生自我接纳情况存在差异。这说明文化是影响自我接纳发展的重要变量，不同文化背景下的个体自我接纳的发展状况存在差异。

在自我接纳与自尊的相关关系方面，高文凤和丛中(2001)指出自尊是通过个体觉察到实际的自我和理想中的自我不一致而产生的，是个体对理想自我和实际自我之间的差别的一种态度，并且这种态度最终会表现为对实际自我的接纳程度，因而自尊和自我接纳之间有一定的联系。Chamberlain 和

Haaga(2001)的研究表明自尊和自我接纳的得分有显著的正相关。但是也有不一致的研究结果,张日昇(1993)以中日青少年为被试进行调查研究,研究表明与日本的青少年相比,中国的青少年在肯定自我接纳、否定自我接纳维度上得分更高,但是中日青少年的自我接纳水平与自尊的相关程度都比较弱。这一方面说明了中国青少年表现出更能积极接纳自我的倾向,另一方面也说明了东西方个体的自尊受到文化的影响存在差异,相对于西方个体自尊为个人取向的情况,东方个体的自尊更多的是集体取向,因而其自我接纳和自尊的相关程度相对于西方个体来说较弱。

(四)自我和谐的测评研究

自我和谐是罗杰斯(Rogers)人格理论中的核心概念。罗杰斯认为个体能够将各种自我知觉协调一致,维持自我和经验之间的和谐,与此同时个体所进行的绝大部分的行为都和其自我的观念是一致的(陈秋莉,修丽娟,陈玲燕,吴燕燕,静进,2007)。因此,自我和谐实际上指的是个体能够正确地对自己做出评价,能够为适应客观世界而进行自我调节,它的完成和构建就是不同因素之间的和谐统合(梁瑞琼,王苑芮,2011)。如果统合不好,自我和经验之间出现不协调,有了差距,内心就可能出现紧张和焦虑,影响个体的正常生活,甚至导致心理障碍。因而自我和谐对于个体健康地生活、更好地适应当前的社会有至关重要的意义。

我国学者王登峰(1994)对自我和谐量表(self-consistency and congruence scale,SCCS)进行了编制。该量表是根据罗杰斯提出的关于自我与经验之间关系的评估量表中所包含的7个维度设计的,这7个维度分别是"情感及其个人意义""体验""不和谐""自我交流""经验的构成""与问题的关系",以及"关系的方式",最后经过因素分析得到3个分量表:"自我与经验的不和谐""自我的灵活性"及"自我的刻板性"。其中,"自我与经验的不和谐"所反映的是自我与经验之间的关系,包含对能力和情感的自我评价、自我不一致性、无助感等,它所产生的症状更多地反映了对经验的不合理期望,在该分量表上得分低说明个体能够有效地调节外部经验与自我认知之间的关系,个体在应对生活、工作事件和人际交往中更为自信。相反,得分越高说明个体在外部经验和自我认知产生冲突的时候,二者越难调和,个体处于一种不和谐的状态,产生焦虑、紧张、抑郁、自卑等情绪。"自我的灵活性"采用反向计分,因而该分量表得分低说明个体能够以自己的内部评价为依据,灵活适应当前的环境,得分越高说明个体受外界环境的影响越大,难以灵活适应环境,在人际交往中易产生敌对、恐惧等情绪。"自我的刻板性"反映的是自我概念的刻板程度及僵化程度,并且仅与偏执有显著相关,该分量表的含义还有待于进一步探究,应用时也须小心(汪向东,王希林,马弘,1999;方琼,2013)。从总量表得分来看,得分越低的个体越能够正确地对自己做出评价,协调自我概念和实际经验之间的关系,相反,得分较高的个体不能根据现实状况灵活地调整自己的认知和期望,出现心理失调,产生焦虑、抑郁等心理障碍(王燕,2008)。王登峰(1994)在编制该量表的同时,对量表的信度进行过统计分析,结果表明,3个分量表的内部一致性信度系数分别是0.85、0.81、0.64。目前自我和谐量表的测评研究主要集中于自我和谐与个体为适应社会采取的应对方式之间的关系研究,以及自我和谐和人际信任感的相关研究。

　　王莹等人(2014)以抑郁症缓解期的患者作为被试进行研究发现,积极的应对方式与自我与经验的不和谐维度、自我和谐量表的总分呈负相关,消极的应对方式与自我和谐量表的总分及各分量表的得分都显著呈正相关,即抑郁症患者多采用消极的应对方式,其自我和谐程度也较低。方琼(2013)、徐含笑(2010)以大学生为被试进行研究发现,采取消极应对方式的学生在自我与经验的不和谐、自我的刻板性、自我的灵活性及自我和谐量表的总分上得分较高,但是采取积极应对方式的学生,在这3个分量表及总量表上的得分比较低。李晓玲、唐海波、明庆森和张花(2014)在探讨自我和谐和孤独感的关系时将应对方式作为中介调节变量,结果发现,低孤独感的人更多的是采取积极的应对方式,因而其自我和谐程度较高,高孤独感的人则恰恰相反。研究者指出,之所以会产生这样的结果,原因是孤独感是一种痛苦的情感体验,会阻止个体采取积极的应对方式解决问题,进而降低自我和谐水平。相反,当人们处于低孤独感时会采用积极的应对方式,自我和谐程度便会提高。应对方式对自我和谐的中介作用在自我价值感和自我和谐的相关研究中也同样得到了验证,即当个体遇到挫折和困难时,采用积极应对方式的个体会增强自身信心,对自己有更加积极的认知与评价,提升个体的自我和谐程度。相反,如果个体采用消极的应对方式,个体会产生或者是增强对自身的负面认知,甚至是对自我的全盘否定,从而降低个体的自我和谐程度(刘婧,2012)。以上的研究表明自我和谐与个体的心理健康、更好地适应环境密切相关。

　　除此之外,自我和谐和人际信任感的相关研究近年来也在不断地增加。研究表明,当个体的自我和谐总量表的分数、自我的刻板性、自我与经验的不和谐的得分越高,人际信任感差的可能性就会越大。研究者认为如果个体感知到的内部自我和外部世界不相符时会产生焦虑焦躁的情绪,从而进入一种不和谐的状态中。相反,如果个体处于和谐状态中,对自我的认知就会比较清晰,个体也会比较自信,能更加相信他人,遇到人际困扰时个体也会更加积极地面对。反过来这也有助于促进个体自身的和谐程度(康战科,2014;陈天丽,2014)。

(五) 自我监控的测评研究

在生活中我们通常会有意识地控制自己留给他人的印象,这个过程即自我呈现(陈超男,2014)。不同个体的自我呈现存在差异,例如有的个体通过保持自己行为的一致性来保持自己的形象,这类人通常比较有原则性、有主见,但是常常会使人觉得固执刻板;也有个体能够比较灵活地适应环境的变化,会随着环境的改变来调整自己的行为,使自己的行为受到群体成员的欢迎。通常来说这种个体社交范围广,但是也会有些负面作用,如给人圆滑、信任度低的形象等。针对自我呈现的个体差异,Snyder(1974)发展了自我监控这一概念。他认为,高自我监控者的行为会随情境的变化而变化,而低自我监控者的行为并不能根据情境的改变而有效地调整自己的行为。

Snyder(1974)根据这个概念的内涵编制了自我监控量表,用于评定个体的自我监控程度。量表共 25 个项目,3 个维度,分别是表演、外向、他人导向。其中表演分量表指的是关注自我呈现的社会适宜性;外向指的是在社会情境中对他人表情和自我呈现的敏感程度;他人导向指的是使用外界提供的线索作为监控和管理自我呈现以及表情行为的指南的程度(肖崇好,黄希庭,2009)。量表采用 5 点计分制,得分越高,个体越能够灵活地适应当前的环境,在不同的人面前做出不同的表现,即自我监控的能力越强。反之,得分比较低的个体,不能依据当前环境的变化来做出相应的调整,习惯以自己一贯的行为方式做事,容易表现自己的真实态度,行为调节能力差。除此之外,Snyder 对量表的信度进行了统计分析,结果表明,该量表的内部一致性信度系数在 0.67 到 0.75 之间,有着良好的信度。目前自我监控量表的测评研究主要集中于测评个体的社会适应状况。

Miller 和 Thayer(1984)曾在研究中指出,过高或者过低的自我监控水平都不是环境的良好适应者,因为行为反映态度,高自我监控者对环境线索比较敏感,因而不可能会依从自己的真实态度表达以前所形成的行为意向,这会导致他们内心产生矛盾、冲突,因而适中水平的个体对社会适应性最好。肖崇好(2005)在研究中也指出高自我监控者在社会中需要维持人际和谐,这需要个体经常压抑自己的真实想法,迁就他人,与他人保持一致,因而个体会产生情感枯竭,身心俱疲。肖崇好和黄希庭(2009)以大学生为被试进行研究,表明相对于在自我监控量表上得分过高或者过低的个体来说,得分适中的个体的社会适应情况比较良好。在另外一项研究中,他给出了相关的解释,即低自我监控者一般缺乏自信心,他们的行为一般不受自我控制,容易表现自己的真实态度,行为调节能力差,因而社会适应情况比较差。而自我监控水平适中的个体则不同,他们一般认为自己所处的环境、自己的生活可以由自己来决定,自己可以很好地适应当前的环境(肖崇好,2012)。国外的学者以企业的员工为调查研究对象,结果发现,相对于在他人导向在分量表中得分较高的个体来说,得分适中的个体的情感枯竭程度低并且能更好地投入到工作中,表明对当前工作环境的适应情况比较好(Boz, Ayan, Eskin & Kahraman,2014)。舒晓丽和肖崇好(2010)从社会回避角度来研究自我监控和社会适应之间的关系,研究结果也发现适中水平的自我监控者在社会回避与苦恼体验量表上的得分显著低于低自我监控者,说明相对于低自我监控者,适中水平的自我监控者更能适应自身所处的环境。因而适中的自我监控水平的个体的社会适应性最好。

(六)自我监控策略的测评研究

自我监控策略即个体自身能精细地、自动地用某种特定的机制策略和支持性的元技能调整自己的思想、情感、行为和注意力(刘霞,2003)。不同的研究者对自我监控策略进行了不同的划分,Mandincah 将自我监控策略从认知水平上进行了划分,分为习得策略和转化策略,习得策略主要包括注意、监控等,转化策略主要指选择、联接以及策略规划等。Pokay 则将自我监控策略分为三类,即元认知策略、认知策略及努力管理(刘霞,2003)。Pintrich 和 DerGoot(1990)则将自我监控策略分为两类:具体的认知策略和元认知策略。

虽然有大量的学者进行过自我监控策略的研究,但是从没有学者系统地编写关于自我监控策略的量表。中国学者王雁飞(2002)通过访谈和开放式问卷,参考国外文献编制了自我监控策略的初步问卷。该量表共 15 个题目,得分越高表示个体自身越能精细地、自动地用某种特定的机制策略和支持性的元技能调整自己的思想、情感、行为和注意力,即运用自我监控策略的水平越高。该量表的重测信度为 0.84,是一个信度较好的测量工具(刘霞,2003)。此量表的应用主要集中于自我监控和绩效的相关关系研究。研究显示,在个体的成就动机中,趋向成功与自我监控策略呈正相关,避免失败与自我监控策略呈负相关;除此之外,个体的自我监控策略运用得越好,个体的工作绩效就会越高(王雁飞,2002;刘霞,2003)。

(七) 自我意识

美国心理学家 James 把自我分成主我和宾我,主我是自我主动的方面,宾我则是个体被知觉、被观察到的方面。因而自我意识包括两个方面:首先这种意识是主我主动发动的;其次这种意识指向的是个体自身及其自身和周围世界,以及他人的关系。因此,自我意识即个体对自身及自己和他人关系的意识,如一个人对自己的身高、外部特征的了解,对自己能力、性格等的认识,对自己在社交环境的适应情况,与朋友、同学、同事等相处的融洽程度,及自己在他人眼中地位的理解和评价等,这些都是自我意识的具体表现(蒋灿,2007)。根据不同的标准,可以划分出不同类别的自我意识。从活动形式来看,自我意识表现为认知的、情绪的和意志的三种形式;从意识活动的指向来看,分为公我意识和私我意识,前者关注的是自己对自己的评价和标准,后者则是关注别人对自己的评价以及是否认可等(黄希庭,2006)。由此可看出,自我意识是一个复杂的多维的心理系统。任何关于自我意识的实证研究都无法全面地认识自我意识,因而 Fenigstein 等人编制了一系列的自我意识量表,在各个层面对自我意识进行测量,帮助我们能够更加全面、深入地对自我意识进行研究。

1. Fenigstein 自我意识量表的测评研究

Fenigstein 等人根据自我意识活动指向的分类标准编制了自我意识量表,目的是测量个体在自我意识活动指向上的维度差异。量表分为公我、私我和社会焦虑三个分量表(蒋灿,2007),共 23 个题项,分别是测量私我意识(private self-consciousness)的 10 个题目,测量公我意识(public self-consciousness)的 7 个题目和测量社交焦虑(social anxiety)的 6 个题目,这些分量表可以组合使用,也可以单独分开使用。其中,私我意识是指个体习惯性地注意自我之中私密的方面,这些方面仅有本人才可以观察到,在该分量表上得分较高的个体会经常进行内部觉察以及自我反省;公我意识是个体习惯性地注意自我之中公开的方面,这些方面是别人能够观察和评价的,相对于得分较低的个体来说,在该分量表得分较高的个体更在意他人对自我的看法、评价;社交焦虑则反映个体由于感知到他人的存在而引起的不安,因而该分量表得分高的个体在人际交往中更容易产生紧张、焦虑等负性情绪。从总量表来看,相对于得分较低的个体来说,得分高的个体经常自省,但也在乎他人对自己的评价,从而在人际交往中易产生恐惧、焦虑等情绪。量表中公我意识和私我意识、公我意识和社交焦虑之间均为适度的正相关,但私我意识和社交焦虑之间的相关接近于 0(Fenigstein, Scheier & Buss, 1975)。其中私我意识分量表的内部一致性信度系数在 0.63 到 0.75 这一范围内波动,公我意识分量表的内部一致性系数在 0.76 到 0.84 这一范围内波动,社会焦虑分量表的内部一致性系数在 0.68 到 0.79 之间波动,三个分量表的重测信度分别是 0.79、0.84、0.73(蒋灿,2007)。该量表的测评应用主要集中于与社交领域相关的研究。

Ruipérez 和 Belloch(2003)用自我意识量表对抑郁症与社交恐惧症的被试施测,得出重度抑郁症患者在公我意识量表的得分较低,而拥有社交恐惧症的患者在公我意识分量表上的得分较高。后来,其他的研究者们(Panayiotou, Karekla & Panayiotou, 2014)在进行影响社交焦虑的因素探究中,也证实了这一结论。在研究自我意识与负面评价恐惧所造成的社交焦虑的相关研究中,研究者发现私我意识和负面评价恐惧的相关关系不显著,公我意识与负面评价恐惧呈正相关,并且能够有效地预测负面评价恐惧的程度(王井云,2011)。李娇等人(2013)进行了害羞和自我意识的相关研究。害羞的典型特征即惧怕被别人评价,并且个体多对他人的评价抱有负性的预期,因而这项研究和王井云(2011)是相似的,但得出的结论却不尽相同。研究结果发现,私我意识和害羞存在负相关关系,公我意识和害羞呈正相关关系。综上,一系列的相关研究都表明自我意识和社会焦虑之间存在相关关系,因而进行正常的社会交往与自我意识的健康发展也是紧密相关的。

2. 内向性自我意识量表

所谓的内向性自我意识即当意识活动指向人们自身时所产生的私我意识。根据私我意识理论,Fenigstein 等人 1975 年编制了内向性自我意识量表,共 10 个题目,采用 5 点计分制。在内向性意识量表上得分高的个体会非常关注自己,会花大量的时间来研究自己的想法和情感,而得分低的人则并不那么关注自己,较少内省(乔纳森·布朗,2004)。Kernis 和 Grannemann(1988)的研究指出,内向性自我意识和自我同一性是呈正相关的,而自我的连贯性是判断心理健康的一项重要指标。除此之外,内向性自我意识也经常被应用到精神病理学中,内向性自我意识和强迫症、社交恐惧症、惊恐症都有高度的相关(Jostes, Pook & Florin, 1999;Harringto, Loffredo & Perz, 2014)。

3. 外向性自我意识量表

外向性自我意识即当自我意识活动指向与自身相关的外部世界时产生的公我意识,即个体对他人做出的关于自身的评价的感知。1975 年,Fenigstein 等人根据公我意识理论编制了外向性自我意识量表。共包括 7 个题目,采用5点计分制。在外向性自我意识量表上得分高的人会高度意识到自己作为社会实体的一面,并对自己的公众形象考虑甚多。而在外向性自我意识量表上得分低的人则很少意识到自己作为社会实体的一面,同时也很少考虑自己的公众形象(乔纳森·布朗,2004)。外向性自我意识量表通常用于临床心理学领域。在一项对酗酒者的研究中发现,和那些在外向性自我意识量表得分高的个体相比,外向性自我意识得分比较低的个体更容易产生酗酒行为(Millar,2007)。另外,外向性自我意识量表在临床心理学中也同样会被用于心理健康的诊断,外向性自我意识和强迫症、社交恐惧症、惊恐症、厌食症有高度相关(Josters,Pook & Florin,1999)。

(八) 负面评价恐惧的测评研究

负面评价恐惧的概念由 Watson 和 Friend 等人最早提出,指的是对他人做出的关于自己的负面的或者消极评价的恐惧,这种恐惧描述的是对在社交、聚会、演讲、考试中产生的社会评价的焦虑体验(刘洋,张大均,2010)。

Watson 和 Friend 等人根据负面评价的理论编制了相关量表——负面评价恐惧量表。该量表的目的用于评定个体对他人评价的担忧以及预期自己遭到他人否定评价的情况和感受到的苦恼程度,Leary 将其修订为 12 题的简明版,与原先的 30 题量表具有高相关(r=0.96),题目采用 5 点计分制。得分越高的个体越会在意自己是否留下好印象,同时对负面评价也会较为敏感,得分低的人的表现则与之相反(刘洋,张大均,2010)。该量表在大学生和临床样本中都表现出良好的信效度,其内部一致性信度为 0.90,重测信度为 0.75(汪向东,1993)。

焦虑情绪的产生和负面评价恐惧是密切相关的。因而目前关于负面评价恐惧的测评研究主要集中于负面评价恐惧和社会焦虑、羞怯之间的相关研究。西方学者(Carletona,Collimore,McCabe & Antony,2011)认为,负面评价恐惧是造成个体社会焦虑的主要原因。Rachel 和 Mark(2014)在他们的研究中提出当个体面临负面评价时,他的社会焦虑会更强,这种焦虑体验的时间也会更长。刘洋等人(2010)的研究发现,个体对他人做出的负面评价的感知是社交焦虑产生的原因之一。陈祉妍(2002)对中国中学生的负面评价恐惧和考试焦虑的关系进行调查,结果发现,负面评价恐惧和考试焦虑呈中等程度相关,并且这种相关程度随年龄的增长而不断增强。安鑫和盛烨(2013)的研究发现,中国大学生负面评价恐惧的得分和他们的羞怯、社会焦虑程度也呈正相关。可见,负面评价恐惧和社会焦虑之间的关系有着跨文化的一致性。

(九) 自我建构的测评研究

自我建构最早是由 Markus 和 Kitayama 于 1991 年提出的,指的是个体在对自身进行认识时,将自我放在哪种参照体系中进行认知的一种倾向。有的个体会将自我看作是与他人分离的独立的实体,有的人会将自我当作社会关系网络中的一部分。由于个体定义自我的角度不同,因而也带来了个体与个体在认知的风格、社会交往态度、个人自主等方面的不同(刘艳,2011)。Markus 等根据自我建构的概念区分了在东西方文化中具有典型性的两种自我建构类型:独立型的自我建构和互依型的自我建构。前者主要是注重自身的独特性,会去主动地追求个人的独立自主,因此这种建构类型的自我表征多涉及个人特质、能力以及偏好等;后者主要是注重自己与周围人的联系,并渴望获得良好的人际关系,这种建构类型的自我表征主要是以人际交往为背景(Markus & Kitayama,1991)。

1. 自我建构量表

Singelis(1994)根据自我建构的相关理论编制了自我建构量表,这一量表主要是由 24 个题目构成,12 个题目测量独立型自我建构,12 个题目测量互依型自我建构。自我建构量表中的独立型分量表主要用来测定个体将自己看作是独特的,重视把自己和其他群体成员区别开来的特质,因而在该量表上得分高的个体比较独立,比较强调个人的独特性,敢于挑战权威,更愿意表达自己的想法。互依型分量表用来测定个体是否把自己看作群体的一部分,以及通过其他群体成员来定义自己的程度,在该量表上得分高的个体会更倾向于把自己看作群体中的一部分,更依赖群体,顺从权威,更易从众。两个分量表的内部一致性系数分别为 0.74、0.70,此量表的信度是可以接受的(刘艳,2011)。

自我建构的类型和个体所处的文化背景是有关联的(潘黎,吕魏,2013)。Gavreliuc 和 Ciobot(2013),Oeberst 和 Wu(2014)使用自我建构量表进行了跨文化研究,证实了受到个人主义文化影响的个体更容易形成独立型的自我建构,而受到集体主义文化影响的个体更容易形成互依型的自我建构类型。中国学者用蒙汉两族的学生作被试,发现个体自我建构的类型的确会受到文化的影响(雷文婷,2014)。汉族的学生由于是群居生长的因而多是互依型的自我建构,而蒙古族的被试同时受到草原文化和中国传统的集体主义文化的影响呈现双自我建构模型。除此之外,个体所处的社会情境不同,个体的自我建构类型也会不同。Cross 和 Madson(1977)对同一文化背景下不同性别个体的自我建构类型进行了探讨,结果显示,男性更倾向于维持独立型的自我建构，而女性则更倾向于维持互依型的自我建构。唐桂梅(2010)的研究也表明不同专业、不同地域的学生的建构类型不同，如英语专业相对于中医、中文专业来说，有更高的独立型自我建构；东部地区的学生相对于西部和中部地区的大学生来说有更高的独立型自我建构，但是在互依型自我建构维度上差异不显著。

2. 关系型自我建构量表

人是一种社会产物，因而我们必然会处于纷繁复杂的社会关系中。美国心理学家 Cross，Bacon 和 Morris(2000)在自我建构概念的基础上进一步提出了关系型自我建构这一概念。所谓的关系型自我建构即个体自己认为自己和周围的他人是紧密联系的，比较看重亲密他人的需要与看法，并想要实现和亲密他人的和谐相处。很多研究者会把关系型建构等同于互依型建构，实际上二者是有本质差别的，互依型建构强调的是个体会和他所从属的集体保持和谐关系，而关系型建构是个体和单个他人保持和谐关系(曾婷，2013)。

Cross 等人根据关系型自我建构的理论单独编制了关系型自我建构量表，用于测定和鉴别个体关系型自我建构的程度。该量表包含 11 个题目，为从"1"很不同意到"5"表示很同意的 5 点自陈式量表(黄远玲，陈朝阳，2009)。得分比较高的个体人际关系良好，十分注重与他人的关系。而得分比较低的个体不能很好地将与自己有关的他人纳入自我概念中来，人际关系比较差。黄远玲等人(2009)使用中国大学生为被试对关系型自我建构量表的信度做了分析，结果表明该量表的内部一致性信度系数为 0.81，这表明修订的中文版的量表有良好的信度。

Linardatos 和 Lydon(2011)做了一项关于关系型自我建构和社交关系的相关研究，研究指出，当个体受到背叛时，在关系型自我建构中得分比较高的个体更能够原谅这种行为，更能够维持与背叛者的社交关系。Cross，Gore 和 Morris(2003)从亲密关系研究出发，指出当个体在关系型自我构建量表中得分比较高的时候，个体能够更好地去注意观察周围他人的需求，而且对自己与周围他人的亲密关系很自信，从而更进一步促进了这种亲密关系的发展。这一结论后来通过 Mattingly，Oswald 和 Clark(2011)的研究得到了进一步支持，他们的研究发现，高关系型自我建构个体会做出更多友好行为，对亲密关系的满意度比较高。除此之外，Heintzelman 和 Bacon(2015)通过研究社会支持和关系型自我建构之间的关系发现，社会支持对关系型自我建构的发展是十分重要的，这说明一方面关系型自我建构促进社交关系的发展，另一方面良好的社交关系也会促进关系型自我建构的发展。

（十）自我概念的测评研究

自我概念是自我重要的组成部分，也是人格结构的核心部分。Willam James 1980 年首次提出关于自我概念的研究，指出自我由四个部分组成：社会自我、精神自我、物质自我、身体自我。他还认为自我有层次结构：身体自我是基础，社会自我高于物质自我，精神自我处于最高层。自此，自我概念成为心理学家们重点关注的研究领域，心理学界的各个领域都给出了自我概念的相关定义。但是，从总体上来说，各派学者都认为自我概念是个体对自己主观的知觉和判断（这种知觉和判断包括对自己的生理状态、人格、态度、社会角色、过去经验等方面的认知），是由一系列态度、信念和价值标准所组成的有组织的认知结构（陈进，2013）。

各个研究者都根据自己的理解构建了自我概念的结构模型，并且以此为依据编制了自我概念量表。美国心理学家 Williams H. Fitts 认为对自我概念的评价，既要考虑自我概念的总体水平也要考虑它的多维性，根据这一思想，他于 1965 年编制了田纳西自我概念量表，量表包含生理自我概念、道德自我概念、心理自我概念、家庭自我概念、社交自我概念和自我批评六个维度。前五个维度得分越高则自我概念越积极，而自我批评得分越高则自我概念越消极（林邦杰，1980）。生理自我概念是对自己的身体、外貌、健康状况的看法；道德自我概念是对自己道德观的检视；心理自我概念是对自我价值感、自我性格能力与他人关系的评估；家庭自我概念是对自我及家庭成员的看法；社交自我概念是自我与他人之间互动的关系；自我批评是关于个体的一些自我贬低的描述，若分数过高说明个体放弃维护自尊的机会，而过低说明测试无效。同时，林邦杰在 1978 年修订第三版中文版量表时以中学生为测量对象做了相关的信度分析，测得自我概念总量表和各分量表的分半信度为 0.93 到 0.95 这一范围内。目前该量表的测评研究主要集中于自我概念与职业成熟度的相关研究。

职业成熟度最早是由 Super(1975)提出，后由 Crites 和 Savickas(1996)进一步发展，他们指出，职业成熟度是个体在其相应的职业发展阶段的职业发展水平。Super(1975)在提出这个概念时就曾指出个体的职业选择过程及职业发展状况就是个体自我概念的发生与发展过程，因而自我概念和职业成熟度之间有着密切的关系。中国学者刘立立和缴润凯（2013）的研究指出，教师的自我概念和职业成熟度呈正相关，并且自我概念可以通过影响教师的自立人格，间接正向地预测职业成熟度和职业态度。程利娜（2010）对高中生施测田纳西自我概念量表，结果表明自我概念的总体水平和高中生的职业成熟度存在显著的正相关，自我概念的总体水平越高，职业成熟度的各个方面发展得越好。Rad 和 Nasir(2010)，Dixon(2001)，Hasan(2006)也通过对各行各业的调查，证实了自我概念和职业成熟度之间存在相关。其中 Rad 和 Nasir 的研究显示，职业倦怠程度和自我概念的得分呈负相关。

三、自我的心理测评研究意义

自我是心理学中的重要组成部分，同时也是人格结构的核心要素。对自我心理的测评研究一方面可以促进对自我的认识，再次可以促进对其他心理现象的认识，除此之外对于人们的工作、生活也意义深远。

首先，通过对不同自我特质的测评研究，我们对自我各个心理变量的认识更加深入，同时也更能够将自我心理的各个板块有机整合起来，这无论是从宏观上还是微观上进行对自我的进一步研究来说，意义都是重大的。

其次，对自我心理中的不同心理变量进行施测，加深了对社会支持、职业倦怠、情绪等心理现象的进一步认识。例如对得克萨斯社会行为量表、自我和谐等量表的施测使得我们了解社会支持的影响因素。对自我意识量表、负面评价恐惧等量表的施测使得我们对需要有自我参与的自我意识情绪（羞愧、焦虑）的认识进一步加深。对于核心自我评价量表、一般自我效能感量表的施测使得我们了解了职业倦怠产生的内在心理机制等。

再次，根据自我心理中的各个变量所编制的量表可以用来作为评判个体自我心理健康的指标，因而对自我心理功能的测评研究可以帮助我们更好地了解个体的心理健康状况，并且为改善个体的心理健康提供更加有针对性的改善措施。

最后，自我心理功能测评研究对职业发展也有重大的意义，例如对于企业员工来说，一般自我效能量表能够较好地预测个体的工作效率；对于教师来说，自我概念量表能够较好地预测职业成熟度，对教师施测自我心理变量的相关量表使其了解自我认知的特点，完成职业自我同一性，增强自我控制能力，从而提高自身素养，拓展知识视野，提升教育艺术，使其成为富有个性魅力的教育工作者。

本章参考文献

安鑫,盛烨.父母教养方式、羞怯与负面评价恐惧的关系[J].中国健康心理学杂志,2013(3).

陈超男.自我监控与冲动性的相关及实验研究[D].漳州：闽南师范大学,

2014.

陈进.多维内隐自我概念的特性与应用研究[D].上海:华东师范大学,2013.

陈秋莉,修丽娟,陈玲燕,吴燕燕,静进.某医科大学贫困生自我和谐状况[J].中国学校卫生,2007(1).

陈天丽.父母教养方式、自我和谐与人际信任的关系[D].桂林:广西师范大学,2014.

陈霞,潘鑫,陈琳琳,汪祚军.中职生自我接纳心理健康的关系[J].中国健康心理学杂志,2013(8).

陈祉妍.中学生负面评价恐惧与考试焦虑的相关性[J].中国心理卫生杂志,2002(12).

程利娜.自我概念对高中生职业成熟度的影响[J].教育教学研究,2010(38).

杜建政,张翔,赵燕.核心自我评价的结构验证及其量表修订[J].心理研究,2012(3).

方琼.大学生人格、应对方式与自我和谐的关系研究[D]石家庄:河北师范大学,2013.

付梅,葛明贵,桑青松.大学生一般自我效能感与社交焦虑[J].中国心理卫生杂志,2005(7).

甘怡群,王纯,胡潇潇.中国人的核心自我评价的理论构想[J].心理科学进展,2007(2).

高文凤,丛中.医学院新生自尊与自我接纳心理调查[J].中国学校卫生,2001(1).

管雯珺.大学生一般自我效能感、人际交往能力与社交焦虑、班级心理气氛之间的关系研究[D].武汉:华中师范大学,2014.

郭海燕.自尊、自我评价与人际关系的相关研究[D].保定:河北大学,2007.

黄希庭,尹天子.从自尊的文化差异说起[J].心理科学,2012(1).

黄希庭.时间与人格心理学探索[M].北京:北京师范大学出版社,2006.

黄远玲,陈朝阳.中文版关系型自我构念量表的信效度分析[J].科技创新导报,2009(24).

蒋灿.自我意识量表的初步修订及其相关研究[D].重庆:西南大学,2007.

康战科.90后大学生父母教养方式、自我和谐与人际信任的关系研究[D].

成都：四川师范大学,2014.

雷文婷.多元文化对蒙古族大学生自我构念的影响研究[D].武汉：华中师范大学,2014.

李海江,杨娟,贾磊,张庆林.不同自尊水平者的注意偏向[J].心理学报,2011(8).

李洪玉,崔英文,何一粟,肖鹏,王璐.核心自我评价研究综述[J].心理与行为研究,2014(3).

李积念,柳建兴.高校学生压力和社会支持：核心自我评价的中介作用[J].社会心理科学,2013(1).

李娇,金一波,劳晓燕,严玉凤.大学生害羞与自我意识情况的调查及其相关研究[J].中国健康心理学杂志,2013(8).

李闻戈.对大学生自我接纳的现状及特点的研究[J].宁夏大学学报,2002(1).

李晓玲,唐海波,明庆森,张花.大学生孤独感和自我和谐的关系：应对方式的中介作用[J].中国临床心理学杂志,2014(3).

李妍君,赵珊,苗元江.大学生社会支持、社交自尊与孤独感的关系[J].新余高专学报,2010(5).

李妍君,朱小爽,陈英和.大学生社会支持与幸福感：社交自尊的中介作用[J].心理与行为研究,2014(3).

林邦杰.田纳西自我观念量表之修订[J].中国测验年刊,1980(27).

林崇德.发展与教育心理学[M].北京：人民教育出版社,1995.

刘成芳,陈国典,吴娟.藏族彝族大学生自我接纳的跨文化研究[J].西南民族大学学报(人文社科版),2005(12).

刘婧.大学生自我价值感、应对方式与自我心理和谐的相关研究[D].重庆：西南大学,2012.

刘立立,缴润凯.自我概念、自立人格与师范生教师职业成熟度的关系[J].心理发展与教育,2013(3).

刘明波,丁志强,李炜.大学新生被接纳与心理健康：自我接纳的中介作用[J].中国健康心理学杂志,2014(5).

刘霞.成就目标定向、成就动机、自我监控策略与绩效的关系研究[D].西安：陕西师范大学,2003.

刘艳.自我建构研究的现状与展望[J].心理科学进展,2011(19).

刘洋,张大均.评价恐惧理论及相关研究述评[J].心理科学进展,2010(1).

陆昌勤,凌文辁,方俐洛.管理自我效能感与一般自我效能感的关系[J].

心理学报,2004(5).

罗丽芳,陈梦华.大学生的社交自尊与家庭亲密度和适应性的关系[J].中国健康心理学杂志,2009(1).

马存芳.藏、回、汉族女大学生自我意识的跨文化研究[J].青海民族研究(社会科学版),2002(4).

马利军,黎建斌.大学生核心自我评价、学业倦怠对厌学现象的影响[J].心理发展与教育,2009(3).

潘黎,吕魏.自我建构量表在成人中的应用和修订[J].中国健康心理学杂志,2013(5).

乔纳森·布朗.自我[M].北京:人民邮电出版社,2004.

申继亮,唐丹.一般自我效能感量表(GSES)在老年人中的使用[J].中国临床心理学杂志,2004(4).

舒晓丽,肖崇好.自我监控对大学生社会回避及苦恼的影响[J].社会心理科学,2010(1).

孙配贞,郑雪,许庆平,余祖伟.小学教师核心自我评价、应对方式与工作倦怠的关系[J].心理发展与教育,2011(2).

孙钦玲.自尊量表的修订[D].广州:暨南大学,2007.

孙淑晶,赵富才.大学生一般自我效能感、应对方式与社交焦虑的关系研究[J].中国健康心理学杂志,2008(3).

孙晓玲,吴明证.大学生自尊、拒绝敏感性、人际信任与社会焦虑的关系[J].中国临床心理学杂志,2011(4).

唐桂梅.集体主义文化背景下大学生自我概念特点研究[D].重庆:西南大学,2010.

汪向东,王希林,马弘.心理卫生评定量表手册(增订版)[M].北京:中国心理卫生杂志社,1999.

汪向东.心理卫生量表手册[J].中国心理卫生杂志,1993,增刊.

王才康,胡中锋,刘勇.一般自我效能量表的信度和效度研究[J].应用心理学,2001(1).

王登峰.自我和谐量表的编制[J].中国临床心理学杂志,1994(1).

王井云.自我意识对惧怕否定评价的影响[J].中国健康心理学杂志,2011(10).

王萍,高华,许家玉,黄金菊,王成江.自尊量表信度效度研究[J].山东精神医学,1998(4).

王雁飞.企业员工成就目标定向研究[D].北京:中国科学院,2002.

王燕.五年制大专幼师生父母教养方式与自我和谐关系的研究[J].中国校医,2008(4).

王莹,吴庆,张许来,朱道民,龚粒,储召学.抑郁症缓解期患者自我和谐与应对方式[J].中国健康心理学杂志,2014(6).

伟娜,徐华.中学生生活事件、自我效能与焦虑抑郁情绪的关系[J].中国临床心理学杂志,2006(3).

翁嘉英,杨国枢,许燕.华人多元自尊的概念分析与量表建构[M]//杨国枢,陆洛.中国人的自我:心理学的分析.重庆:重庆大学出版社,2009.

肖崇好,黄希庭.自我监控量表的比较研究[J].心理科学,2009(1).

肖崇好.自我监控概念的重构[J].心理科学进展,2005(2).

肖崇好.自我监控与社会行为的线索、控制和适宜性的相关研究[J].惠州学院学报(社会科学版),2012(4).

谢兰.大学生性别角色类型与自我接纳的关系研究[D].成都:四川师范大学,2009.

徐含笑.大学生自我和谐及其与应对方式的关系[J].北京教育学院学报(自然科学版),2010(2).

杨睿.企业员工一般自我效能与心理和谐的关系研究[D].重庆:西南大学,2012.

姚晓琳,刘洪,郭成.大学生领悟社会支持与社交自尊的关系[J].中国学校卫生,2011(11).

于茜.大学生自尊现状调查研究[J].淮海工学院学报(人文社会科学版),2014(8).

曾婷.关系型自我构念的内容结构及其与内隐助人态度的关系研究[D].广州:暨南大学,2013.

张琳琳,David,M. D.,李楠.新生代员工核心自我评价与工作投入的关系:有调节的中介模型[J].软科学,2013(4).

张萍,葛明贵.中小学教师教学效能感与工作满意度的关系分析[J].教学与管理,2013(4).

张日昇.青年心理学:中日青年心理的比较研究[M].北京:北京师范大学出版社,1993.

张向葵,田录梅.自尊对失败后抑郁、焦虑反应的缓冲效应[J].心理学报,2005(2).

郑顺艺.自尊研究综述[J].现代生物医学进展,2011(4).

周永安,赵静波,张小远,熊浩.一般自我效能感量表在广州高校大学生中应用情况研究[J].中国健康心理学杂志,2012(5).

Albrecht, A. , Paulus, F. M. , Dilchert, S. , Deller, J. & Ones, D. S. Construct and criterion-related validity of the German core self-evaluations scale: A multi-study investigation[J]. *Journal of Personnel Psychology*, 2013,12.

Bono,J. E. & Judge, T. A. Core self-evaluations: A review of trait and its role in job satisfaction and job performance[J]. *European Journal of Personality*, 2003,17.

Boz,T. ,Ayan,A. ,Eskin,I. & Kahraman,G. The effect of the level of self-monitoring on work engagement and emotional exhaustion: A research on small- and medium- size enterprises (SMEs)[J]. *Procedia-Social and Behavioral Sciences*,2014,150.

Bandura, A. Self-efficacy: Toward a unifying theory of behavioral change[J]. *Article Psychological Review*,1977,84(2).

Burhan, C. , Osman, M. O. , Berdan, O. & Fazilet, K. General self-efficacy beliefs, life satisfaction and burnout of university students[J]. *Procedia-Social and Behavioral Sciences* 2012,47.

Baumeister,R. F. , Campbell, J. D. , Krueger, J. I. & Vohs, K. D. Does high self-esteem cause better performance, interpersonal success, happiness or heal their lifestyles? [J] *Psychological Science in the Public Interest*,2003,4.

Cross,S. E. ,Bacon,P. & Morris,M. L. The relational-interdependent self-construal and relationships [J]. *Journal of Personality and Social Psychology*,2000,78.

Cross, S. E. , Gore, J. S. & Morris, M. L. The relational-interdependent self-construal, self-concept consistency, and well-being[J]. *Journal of Personality and Social Psychology*,2003,85.

Charrow, C. B. *Self-efficacy as a predictor of life satisfaction in older adults*[D]. New York: The Adelphi University,2006.

Carletona,R. N. ,Collimore,K. C. ,McCabe,R. E. &Antony,M. M. Addressing revisions to the Brief Fear of Negative Evaluation scale:

Measuring fear of negative evaluation across anxiety and mood disorders[J]. *Journal of Anxiety Disorders*,2011,25.

Chih-Che, L. Self-esteem mediates the relationship between dispositional gratitude and well-being[J]. *Personality and Individual Differences*,2015,85.

Chamberlain,J. M. & Haaga,D. A. F. Unconditional self-acceptance and psychological health[J]. *Journal of Rational-Emotive and Cognitive-Behavior Therapy*,2001,19.

Coopersmith, S. *The Antecedents of Self-esteem* [M]. Palo Alto, California: Consulting Psychologists Press,1981.

Cross,S. E. & Madson,L. K. Model of the self : Self-construal and gender[J]. *Psychological Bulletin*,1997,122.

Crites, J. O. & Savickas, M. L. Revision of the career maturity inventory[J]. *Journal of Career Assessment*,1996,19.

Duval, S. D. & Wicklund, R. A. *A Theory of Objective Self-awareness*[M]. New York: Academic Press,1972.

Dixon,R. A. Self-concept, social support systems, and career maturity of the female college student[J]. *Dissertation Abstracts International Section A: Humanities and Social Sciences*,2001,62(1—A).

Fleming,J. S. & Courtey, B. E. The dimensionality of self-esteem, hierarchical face model for revised measurement scale[J]. *Journal of Personality and Social Psychology*,1984,46.

Gavreliuc,A. & Ciobot,C. I. Culture and self-construal: Implications for the social cognitions of young cohorts in Romania[J]. *Procedia-Social and Behavioral Sciences*,2013,78.

Gardner,D. G. & Pierce,J. L. The core self-evaluation scale: Further construct validation evidence [J]. *Educational and Psychological Measurement*,2009,70.

Gough, H. G. *The California Psychological Inventory* [M]. Palo Alto,California: Consulting Psychologists Press,1956.

Harrington, R. , Loffredo, D. A. & Perz, C. A. Dispositional mindfulness as a positive predictor of psychological well-being and the role of the private self-consciousness insight factor[J]. *Personality and Individual Differences*,2014,71.

Hasan, B. Career maturity of Indian adolescent as a function of self-concept, vocational aspiration and gender[J]. *Journal of the Indian Academy of Applied Psychology*, 2006, 32.

Heintzelman, S. J. & Bacon, P. L. Relational self-construal moderates the effect of social support on life satisfaction[J]. *Personality and Individual Differences*, 2015, 73.

Jian-Bin, L., Elisa, D., Daniela, D. R., Silvia, S. & Claudia, M. Self-esteem and its association with depression among Chinese, Italian, and Costa Rican adolescents: A cross-cultural study[J]. *Personality and Individual Differences*, 2015, 82.

Jostes, A., Pook, M. & Florin, I. Public and private self-consciousness as specific psychopathological features[J]. *Personality and Individual Differences*, 1999, 27.

Joyce, M., Lars, H., Mike, R. & Ger P. J. K. Changing automatic behavior through self-monitoring: Does overt change also imply implicit change?[J] *Journal of Behavior Therapy and Experimental Psychiatry*, 2013, 44.

Kernis, M. H. & Grannemann, B. D. Private self-consciousness and perceptions of self-consistency[J]. *Personality and Individual Differences*, 1988, 9.

Linardatos, L. & Lydon, J. E. A little reminder is all it takes: The effects of priming and relational self-construal on responses to partner transgressions[J]. *Self and Identity*, 2011, 10.

Luszczynska, A. The general self-efficacy scale: Multicultural validation studies[J]. *The Journal of Psychology*, 2005, 139.

Millar, M. The influence of public self-consciousness and anger on aggressive driving[J]. *Personality and Individual Differences*, 2007, 43.

Miller, M. & Thayer, J. F. On the nature of self-monitoring: Relationship with adjustment and identity[J]. *Personality and Social Psychology Bulletin*, 1988, 14.

Markus, H. R. & Kitayama, S. Culture and the self: Implication for cognition, emotion and motivation[J]. *Journal of Personality and Social Psychology*, 1991, 98.

Oeberst, A. & Wu, S. Independent vs. interdependent self-construal and interrogative compliance: Intra- and cross-cultural evidence [J]. *Personality and Individual Differences*, 2015, 85.

Mattingly, B. A., Oswald, D. L. & Clark, E. M. An examination of relational-interdependent self-construal, communal strength, and pro-relationship behaviors in friendships[J]. *Personality and Differences*, 2011, 50.

Panayiotou, G., Karekla, M. & Panayiotou, M. Direct and indirect predictors of social anxiety: The role of anxiety sensitivity, behavioral inhibition, experiential avoidance and self-consciousness[J]. *Comprehensive Psychiatry*, 2014, 55.

Pintrich, P. R & DerGoot, E. V. Motivational and self-regulated learning components of classroom academic performance [J]. *Journal of Educational Psychology*, 1990, 82.

Ryff, C. D. Happiness is everything, or is it? Explorations on the meaning of psychological well-being[J]. *Journal of Personality and Social Psychology*, 1989, 57.

Ruipérez, M. & Belloch, A. Dimensions of the self-consciousness scale and their relationship with psychopathological indicators[J]. *Personality and Individual Differences*, 2003, 35.

Rad, A. Z. & Nasir, R. Burnout and career self concept among teachers in Mashhad, Iran[J]. *Procedia Social and Behavioral Sciences*, 2010, 7.

Rachel, A. S & Mark, J. B. Fear of evaluation in social anxiety: Mediation of attentional bias to human faces [J]. *Journal of Behavior Therapy an Experimental Psychiatry*, 2014, 45.

Sowislo, J. F. & Orth, U. Does low self-esteem predict depression and anxiety? A meta-analysis of longitudinal studies[J]. *Psychological Bulletin*, 2013, 139.

Shelley, H. C. & Ellen, J. L. Mindfulness and self-acceptance[J]. *Journal of Rational-Emotive & Cognitive-Behavior Therapy*, 2006, 24.

Snyder, M. Self-monitoring of expressive behavior [J]. *Journal of Personality and Social Psychology*, 1974, 30.

Singelis, T. M. The measurement of independent and interdependent self-construals[J]. *Personality and Social Psychology Bulletin*, 1994, 20.

Super, D. E. *The Psychology of Careers*[M]. New York: Harper & Row, 1975.

Tafarodi, R. W. , Shaughness, S. C. , Yamaguchi, S. & Murakoshi, A. The reporting of self-esteem in Japan and Canada[J]. *Journal of Cross-Cultural Psychology*, 2011, 42.

第三章 教师专业发展的自我心理结构理论模型研究

一、引 言

自我贯穿于许多基本的人际和个体内部心理现象之中,心理学研究的各个分支领域都在把自我作为重要的研究命题,聚焦本领域与自我相关心理现象、心理规律的交集。人格心理学一如既往地探索自我关联特性的个体差异和自我的内部心理过程。在社会心理学领域,越来越多的研究者开始着手社会认知、态度、群体过程、社会影响、人际关系中自我加工过程的研究。动机和情绪的基本研究也在自我相关的成分上施以浓重笔墨,如自我效能、自我提升(self-enhancement)、自我证明、自我冲突(self-discrepancy)、自我意识情绪(self-conscious emotions)。情感和人格障碍的临床研究常常把这一类困难和问题的根源追溯到自我和认同。发展心理学某些领域的研究也涉及自我的成分。自我同样在教师专业发展领域占有重要一席。

(一) 自我在教师专业发展中的表现

教师授业解惑,必须了解学生的身心发展规律,了解学生的认知规律;与此同时,中小学教师的职业对象是未成年人,教师与学生的互动是一种在体力、认知水平、社会经验等各方面都不对等的关系,教师必须把自身的心理体验转向职业对象,转向与学生的关系。如何将自己的知识体系与学生的认知特点相匹配?这需要教师在教学实践中不断摸索,不断自我反思、自我调节。教师的专业发展贯穿整个教师职业生涯,必须保持对知识、对未知持久弥新的好奇和开放,不断自我更新知识,不断进行教学研究,不断自我提升。教书育人,教育不仅是科学知识的传递,更重要的是教会学生树立正确的人生观、世界观和价值观,这就需要教师自己在协调好自己内在自我与外在世界的关系的基础上,正确评价自我的价值和作用,教师的这种内外和谐统一会感染到学生。还要看到,教育是一项发展人综合素质的事业,要求教师具有团队协作能力,处理好与学生、同事、家长及学校领导之间的关系,还要求教师具有领导力,能够自主决断,有自己独特的教学风格。不难看出,教师的自我与他们的行为模式、工作表现、人际交往有着密切的联系。

研究发现,工作责任心通过自我控制影响工作绩效,自我控制起到部分中介作用(孙鑫,2012)。大量对教师职业倦怠的研究发现,教师自我概念中教学满意度、自我接纳、人际感知和师生关系对职业倦怠有一定预测作用(刘晓明,秦红芳,2005);自尊与教师职业倦怠的三个维度以及个体的心理健康和离职意向水平均呈显著性相关(李永鑫,高冬东,申继亮,2007);核心自我评价对小学教师的情感耗竭、人格解体、成就感降低都具有显著的负向预测作用(孙配贞,郑雪,许庆平,余祖伟,2011)。还有研究者指出,教师的自我和谐与职业倦怠成负相关,自我和谐程度越高,职业倦怠的可能性越低(周喜华,2013)。这些研究从不同方面表明自我心理某方面的特征与教师工作表现的关系,然而这些研究结果是相对独立、分散的。这样局部的研究结论也难以从全局上解释具有不同自我心理特征表现的教师的教学表现。到底教师的自我如何影响其专业发展?不同的自我心理特征是什么关系?不同的自我心理特征对教师专业发展的作用是分散的还是重叠的又或是交互的作用?这些问题尚没有研究者仔细地考虑和研究过。

(二)教师胜任力

衡量教师专业发展水平的指标有很多,其中教师胜任力是对教师专业发展的规范化、标准化的评价指标。胜任力指在学校教育教学工作中,能将高绩效表现优秀的教师与一般普通教师区分开来的个体潜在的特征,主要包括能力、自我认识、动机及相关的人格特点等个人特性,它能够有效地剖析优秀教师取得成功的胜任特征以及合格教师应该具有的基本胜任品质(徐建平,2004)。为了量化教师胜任力,徐建平(2004)遵循传统的胜任力建模思路,使用行为事件访谈(BEI)技术,通过严格的质性访谈,获取教师的行为资料,建立了教师胜任力模型。模型表明,教师共有的胜任力包括组织管理能力、正直诚实、创造性、宽容性、团队协作、反思能力、职业偏好、沟通技能、尊敬他人、分析性思维、稳定的情绪等特征;优秀教师的胜任力则包括进取心、责任感、理解他人、自我控制、专业知识与技能、情绪觉察能力、挑战与支持、自信心、概念性思考、自我评估、效率感等特征。在此基础上,徐建平进一步编制了教师胜任力问卷,抽取不同教师人群进行测验以检验这份问卷的项目区分度、信度、效度和结构。最后,他将教师胜任力问卷运用于在职教师,有效地了解了在岗教师胜任力的现状。该系统研究为评估教师专业化发展提供了量化的依据,因此本研究使用教师胜任力得分来表示教师专业发展水平。

虽然已有大量自我心理特征与教师教学的研究,但是这些研究往往关注某一个或是某几个自我心理特征。自我是一个多面体,它的内涵非常丰富,内容之间也不是彼此割裂的,而是相互作用、互为关联的。因此,我们要研究的自我是一个心理结构。为此,研究选取具有代表性的心理问卷,问卷囊括了自尊、自我评价、自我接纳、自我和谐、自我调控、自我意识、自我概念等方面的内容,通过对这些内容的测量和分析来架构教师的自我心理结构。同时使用教师胜任力问卷测量样本被试的专业发展情况。研究首先使用因素分析的方法,以较少的维度来解释复杂的数据结构,从而确定教师人群自我心理的结构维度。然后,以结构维度中的内容为自变量进行教师胜任力的多元回归分析,探讨促进教师专业发展的自我心理结构。

二、方 法

(一) 对 象

上海某大学全日制本科(四年制)师范生 232 名以及来沪参加专业培训的教师 271 名参与本次问卷调查。通过教师胜任力量表中的测谎项,将分数高于平均值加一个标准差的分数的样本删除,最终大学生人数为 212 人(测谎分 $M=14.88, SD=3.04$),其中男生 34 人,女生 178 人,平均年龄为 20.46 ± 0.704 岁。教师人数为 248(测谎分 $M=14, SD=2.79$),其中男教师 45 人,女教师 203 人,平均年龄为 32.22 ± 4.11 岁。这些教师来自不同的学段,从幼儿园到高中,且所教学科各异。

(二) 测量工具

为了测量不同自我特征,研究采用罗森伯格自尊量表等 16 种量表。为了对教师专业发展状况进行评估,研究还采用了教师胜任力问卷。17 种测评量表及其子量表集结成册(见表 3-1),作为此次研究的测量工具,进行集体施测。量表统一使用 1—5 分的 5 级计分,1 表示完全不符合,2 表示比较不符合,3 表示不确定,4 表示比较符合,5 表示完全符合。具体量表介绍如下:

罗森伯格自尊量表由 Rosenberg(1965)编制,该量表共有 10 个题目。该量表分数越高表明自尊程度越高。

得克萨斯社会行为问卷由 Helmreich 和 Stapp(1974)编制,共有 32 个题目,分为得克萨斯社会行为 A 和 B 两个分量表,各 16 个题目,得分越高表明社交自尊越强。

核心自我评价量表由 Judge 等人(2003)编制,共有 12 个题目,得分越高表明核心自我评价越积极。

一般自我效能感量表由 Jerusalem 和 Schwarzer 等人(1981)编制,共有10个题目。该量表分数越高表明自我效能感越高。

自我接纳量表由日本学者高木秀明、德永由纪(1989)编制,共有16个题目,包含4个子量表:① 对肯定的自我认知的自我接纳,分数越高表明对肯定自我认知越接纳。② 对否定的自我认知的自我接纳,分数越高表明对否定自我认知越接纳。③ 对肯定自我认知的自我排斥,原量表中得分越高,则对肯定自我认知越排斥。在本研究中反向计分,分数越高表示对肯定自我认知越不排斥。④ 对否定自我认知的自我排斥,原量表中得分越高,则对否定自我认知越排斥。本研究中反向计分,分数越高表示对否定自我认知越不排斥。该量表总分越高,表明自我越接纳(张日昇,1993)。

自我和谐量表由王登峰(1994)编制,共有35个题目,包含3个子量表:① 自我与经验的不和谐,原量表中得分越高,则自我与经验越不和谐。在本研究中反向计分,分数越高表示自我与经验越和谐。② 自我的灵活性,原量表中反向计分,得分越高,自我越不灵活。本研究中正向计分,分数越高表示自我越灵活。③ 自我的刻板性,原量表中得分越高,则自我越刻板。在本研究中反向计分,分数越高表示自我越不刻板。该量表总分越高,表明自我越和谐。

自我控制量表由 Tangney 等(2004)编制,共有13个题目,得分越高表明自我控制能力越强。

自我监控策略量表由王雁飞(2002)编制,共有15个题目,包含3个子量表:① 心理监控策略(以下简称"心理监控"),得分越高表明心理监控策略运用得越好。② 行为监控策略(以下简称"行为监控"),得分越高表明行为监控策略运用得越好。③ 环境监控策略(以下简称"环境监控"),得分越高表明环境监控策略运用得越好。该量表总分越高,表明自我监控策略运用得越好。

自我监控量表由 Snyder(1974)编制,共有25个题目,包括3个子量表:① 表演,得分越高表明对外表演的特征越强。② 外向,得分越高表明外向的特征越强。③ 他人导向,得分越高表明行为的他人导向性越高。该量表总分越高,表明根据外界评价印象管理的倾向性越高。

自我意识量表由 Fenigstein,Scheier 和 Buss(1975)编制,共有23个题目,包括3个子量表:① 私我意识,得分越高表明私我意识越强。② 公我意识,得分越高表明公我意识越强。③ 社会焦虑,得分越高表明社会焦虑越高。该量表总分越高,表明自我意识越高。

内向性自我意识量表由 Fenigstein,Scheier 和 Buss(1975)编制,共有10

个题目,得分越高表明越关注自己,更加内省。

外向性自我意识量表由 Fenigstein,Scheier 和 Buss(1975)编制,共有 7 个题目,得分越高表明高度意识到自己作为社会实体的一面,并对自己的公众形象考虑越多。

自我建构量表由 Singelis(1994)编制,共有 24 个题目,包括 2 个子量表:① 独立型自我建构,分数较高表明更加关注自身状况,重视表达自身的独特性。② 依赖型自我建构,分数较高表明更加注重社会关系,重视社会规范和他人对自己的期待。两种建构类型哪个分数更高,个体更倾向哪种类型。

关系型自我建构量表由 Cross(2000)编制,共有 11 个题目,得分越高表明根据亲密关系对自我与他人关系的构建程度越高。

简明负面评价恐惧量表由 Leary(1983)编制,共有 12 个题目,得分越高表明对外界负性评价的担心、不安越高。

田纳西自我概念量表由 Fitts(1965)编制,共有 70 个题目,包含 6 个子量表:① 生理自我概念(以下简称"生理自我"),表示对身体健康状态、身体外貌、技能和性方面的感觉,得分越高表明生理自我评价越好。② 道德自我概念(以下简称"道德自我"),表示对其道德价值、宗教信仰、好/坏人的看法,得分越高表明道德自我评价越好。③ 心理自我概念(以下简称"心理自我"),表示对其人格、价值、能力等的评价,得分越高表明心理自我评价越好。④ 家庭自我概念(以下简称"家庭自我"),表示对自己作为家庭中的一分子的价值感及胜任感,得分越高表明家庭自我评价越好。⑤ 社交自我概念(以下简称"社交自我"),表示与他人交往中的价值感及胜任感,得分越高表明社交自我评价越好。⑥ 自我批评,表示对自己缺点和不良品质的认知评价,得分越高表明对自己不足方面的评价越低。该量表总分越高,表明自我概念越好。

教师胜任力问卷是由徐建平(2004)编制,问卷共有 50 个项目,包括 9 个子量表:① 个人特质,涉及的是进取心、责任心、自信心、灵活性、效率感、影响力、智性等个人方面的品质。② 关注学生,涉及对学生的热爱、尊重、理解和培养,表现的是教师对学生的关注。③ 专业素质,与教学有关,使用各种教学方法和技能完成课堂教学、日常辅导等教学工作和任务,发展学生的思维能力。④ 人际沟通,涉及人际交流与沟通、与学生如何相处、待人方式、处理学生问题的方式。⑤ 建立关系,涉及与领导、家长、公众建立关系及其方式与途径,如何建立自己的社会支持网络,融洽各方关系。⑥ 信息搜集,涉及教学资料、学生信息、个人教学信息的搜集与反馈。⑦ 职业偏好,涉及对班级、学校、教育事业的热情和兴趣。⑧ 尊重他人,表现的是对他人的宽容、接受和尊重。⑨ 理解他人,表现的是对他人心情及行为的感受,并且能够主动采用各种方式去了解他人,设身处地去为他人着想。另加一个测谎量表,分数过高说明受测对象在填写时存在说谎倾向。总量表分或子量表分数越高表明教师总体胜任力或某一胜任特质水平越高。

测评量表及其子量表在教师样本和师范生样本施测后,对反题进行数值转换后,计算这些量表及其子量表在在职教师人群和职前师范生人群中的cronbach's alpha 系数,结果见表 3-1。

表 3-1　本研究问卷内容及各量表的信度系数

序号	问卷名称	教师	学生
1	罗森伯格自尊量表	0.753	0.796
2	得克萨斯社会行为问卷	0.857	0.851
	得克萨斯社会行为问卷 A	0.626	0.672
	得克萨斯社会行为问卷 B	0.83	0.783
3	核心自我评价量表	0.862	0.865
4	一般自我效能感量表	0.866	0.88
5	自我接纳量表	0.881	0.903
	对肯定自我认知的自我接纳	0.851	0.875
	对否定自我认知的自我接纳	0.782	0.738
	对肯定自我认知的自我排斥	0.856	0.877
	对否定自我认知的自我排斥	0.805	0.878
6	自我和谐量表	0.858	0.845
	自我与经验的不和谐	0.833	0.841
	自我的灵活性	0.771	0.642
	自我的刻板性	0.605	0.587
7	自我控制量表	0.819	0.773
8	自我监控策略量表	0.898	0.869
	心理监控	0.819	0.754
	行为监控	0.709	0.731
	环境监控	0.838	0.796
9	自我监控量表	0.741	0.63
	表演	0.469	0.448
	外向	0.653	0.472
	他人导向	0.603	0.566

续表

序号	问卷名称	教师	学生
10	自我意识量表	0.793	0.817
	私我	0.743	0.794
	公我	0.737	0.768
	社会焦虑	0.652	0.564
11	内向性自我意识量表	0.815	0.786
12	外向性自我意识量表	0.715	0.704
13	自我建构量表	0.85	0.766
	独立型	0.761	0.597
	依赖型	0.816	0.773
14	关系型自我建构量表	0.76	0.768
15	简明负面评价恐惧量表	0.889	0.853
16	田纳西自我概念量表	0.933	0.937
	生理自我	0.809	0.778
	道德自我	0.867	0.862
	心理自我	0.802	0.816
	家庭自我	0.849	0.878
	社交自我	0.764	0.819
	自我批评	0.605	0.656
17	胜任力量表	0.95	0.967
	个人特质	0.848	0.928
	关注学生	0.873	0.938
	专业素养	0.839	0.928
	人际沟通	0.816	0.864
	建立关系	0.821	0.893
	信息搜集	0.818	0.921
	职业偏好	0.743	0.753
	尊重他人	0.549	0.471
	理解他人	0.641	0.631
	测谎	−0.068	0.284

（三）统计方法

采用 SPSS 对数据进行描述性统计分析、因素分析和多元回归分析。

三、结　果

（一）自我心理结构的因素分析

为了探寻这些大量的自我心理特征表现背后共同的因子，探讨教师人群的自我心理结构，对 34 个变量（包括罗森伯格自尊量表分、核心自我评价量表分、一般自我效能感量表分、自我控制量表分、内向性自我意识量表分、外向性自我意识量表分、关系型自我建构量表分、简明负面评价恐惧量表分、得克萨斯社会行为 A 分数、得克萨斯社会行为 B 分数、对肯定自我认知的自我接纳分数、对否定自我认知的自我接纳分数、对肯定自我认知的自我排斥分数、对否定自我认知的自我排斥分数、自我与经验的不和谐分数、自我的灵活性分数、自我的刻板性分数、心理监控策略分数、行为监控策略分数、环境监控策略分数、表演分数、外向分数、他人导向分数、私我意识分数、公我意识分数、社会焦虑分数、独立型自我建构分数、依赖型自我建构分数、生理自我概念分数、道德自我概念分数、心理自我概念分数、家庭自我概念分数、社交自我概念分数、自我批评分数）进行因素分析，采用主成分分析法，最优转轴法斜交抽取因素。因素分析结果显示，Bartlett 的球形检验卡方值为 8862.717，自由度为 561，$p<0.001$，KMO 值为 0.902，表示变量间具有共同因素存在，说明变量非常适合做因素分析。以特征根大于 1 为因素抽取的原则，并参照碎石图（见图 3-1）来确定抽取的因素数目。判断是否保留一个项目的标准定为该项目在某一因素上的负荷超过 0.5。结果表明，师范生和教师的自我心理结构是一个 7 因素的结构，累积方差解释率达到 66.097%，具体见表 3-2。

本研究集合多种自我心理特征相关的量表来探索自我的心理结构，共抽取出 7 个因素。第一个因素包括 5 个变量，均来自田纳西自我概念量表的子维度，主要是个体对自己的身体健康、道德观、自我性格能力、家庭和自我与他人的互动的看法，可命名为"自我概念"。第二个因素包括 5 个变量，有用于测量个体评价自己社会交往能力的得克萨斯社会行为量表，用于测量个体是否能灵活运用社会技能的外向量表（自我监控量表子量表），用于测量个体是否相信自己可以处理生活中各种压力的一般自我效能感量表，以及测量个体面对他人存在时是否会感到不安的社会焦虑量表（自我意识量表的子维度），这些主要涉及个体对自己社交技巧能力的自信程度和情绪，可命名为"社交自尊"。第三个因素包括 4 个变量，测量对内的和对外的自我意识的量表，以及测量个体对目标设置、计划和努力的觉知评价情况的心理监控策略量表（自我监控策略子量表），主要涉及个体自我意识的对象，可命名为"自我意

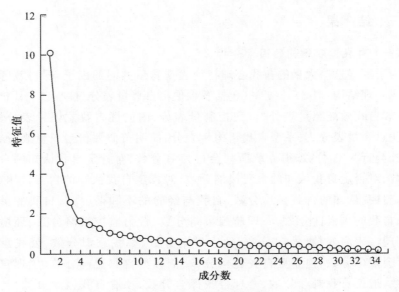

图 3-1　因素分析的碎石图

识"。第四个因素包括 4 个变量,涉及有关印象形成的自我监控的 2 个子量表——他人导向和表演,体现个体对群体中自己形象的公我量表(自我意识量表的子量表),和测量对他人负面评价的担心程度的负面评价恐惧量表,主要涉及个体在他人面前表现的自我管理,可命名为"印象管理"。第五个因素包括 3 个变量,均来自自我接纳量表的 3 个子量表,指个体对自己的肯定的和否定的方面的接纳,可命名为"自我接纳"。第六个因素包括 3 个变量,主要涉及个体依据何种体系认识自己,可命名为"自我建构"。第七个因素包括 1 个变量,是自我和谐量表的子量表——自我刻板性,测量自我内部的协调一致程度,可命名为"自我和谐"。

表 3-2　自我心理结构旋转后的因素负荷($N=440$)

	因素 1	因素 2	因素 3	因素 4	因素 5	因素 6	因素 7
生理自我	0.922						
道德自我	0.843						
家庭自我	0.838						
心理自我	0.787						
社会自我	0.652						
得克萨斯社会行为问卷 B		0.851					

第三章 教师专业发展的自我心理结构理论模型研究

续表

	因素1	因素2	因素3	因素4	因素5	因素6	因素7
外向		0.849					
得克萨斯社会行为问卷A		0.792					
一般自我效能感量表		0.62					
社会焦虑		−0.603					
内向性自我意识量表			1.023				
私我			0.919				
外向性自我意识量表			0.641	0.529			
心理监控策略			0.562				
他人导向				0.884			
简明负面评价恐惧量表				0.781			
公我				0.668			
表演				0.582			
对肯定自我认知的自我排斥					0.762		
对否定自我认知的自我接纳					0.752		
对肯定自我认知的自我接纳					0.727		
依赖型						0.806	
关系型自我建构量表						0.727	
独立型						0.512	
自我的刻板性							0.821
特征值	10.088	4.483	2.565	1.593	1.430	1.288	1.025
解释率%	29.671	13.186	7.544	4.686	4.207	3.788	3.014
总解释率%	66.097						

注：没有达到保留标准的变量未呈现在表格中。

（二）教师胜任力情况及回归分析

师范生与在职教师在教师胜任力总分及子量表分上的平均得分见表3-3：

表3-3 本研究教师胜任力总分和子量表平均得分与常模分数的比较

量表名称	本研究			常模		
	最小值	最大值	平均值	最小值	最大值	平均值
个人特质	2.56	5.00	3.95	1.44	5.00	3.95
关注学生	1.00	5.00	4.15	1.33	5.00	4.31
专业素养	2.00	5.00	4.11	1.40	5.00	4.28
人际沟通	2.50	5.00	4.21	1.17	5.00	4.38

续表

量表名称	本研究			常模		
	最小值	最大值	平均值	最小值	最大值	平均值
建立关系	2.00	5.00	4.12	1.50	5.00	4.03
信息搜集	1.00	5.00	4.01	1.25	5.00	3.99
职业偏好	1.33	5.00	3.98	1.33	5.00	4.11
尊重他人	2.67	5.00	3.98	1.33	5.00	4.00
理解他人	2.33	5.00	4.04	1.67	5.00	3.98
胜任力总分	122.00	225.00	182.99	67.00	225.00	185.35

注：常模分数来自徐建平（2004）博士论文第六部分中对630名教师的教师胜任力的研究结果。

从表中数据可以看出，本研究样本对象的教师胜任力总分略低于常模的总分水平。关注学生、专业素养、人际沟通、建立关系、信息搜集和理解他人6个子量表的平均分数高于4分，根据量表等级水平，处于"比较符合"，说明本研究对象在这些特征上表现比较好。本研究中个人特质与常模中的个人特质表现一致；关注学生、专业素养、人际沟通、职业偏好和尊重他人方面的平均分数略低于常模中这些方面的平均分数；而建立关系和理解他人方面的平均分数略高于常模的这两方面的平均分数。

根据因素分析的结果，进行多元回归分析。由于进行多元回归分析需要满足的基本假定之一是预测变量间没有多元共线性，但是，因素分析结果中每个维度包含的原始变量之间相关性过高，所以抽取每个维度中具有代表性的变量代表该维度作为教师胜任力回归方程中的自变量。从自我心理结构的7个成分中分别选取具有代表性的自变量（负荷量最大），即生理自我、得克萨斯社会行为B、内向性自我意识、他人导向、对肯定自我认知的排斥（反向计分）、依赖型和自我的刻板性等作为自变量，教师胜任力为因变量，进行多元回归分析。逐步回归分析结果显示（见表3-4），进入回归方程式的预测变量依次是依赖型、生理自我、内向性自我意识、得克萨斯社会行为B和对肯定自我认知的自我排斥（反向计分）。这5个预测变量联合解释量为43.7%。说明这些预测变量所代表的自我建构、自我概念、自我意识、社交自尊和自我接纳成分对教师胜任力有重要预测力。

表 3-4　教师胜任力的回归分析结果

因变量	自变量	B 值	Beta 值	t 值	p 值	F 值	R 值	R^2 值
胜任力	依赖型	1.120	0.305	7.869	0.000	67.49	0.661	0.437
	生理自我	0.700	0.244	5.995	0.000			
	内向性自我意识	0.954	0.271	7.263	0.000			
	得克萨斯社会行为B	0.359	0.149	3.813	0.000			
	对肯定自我认知的自我排斥	0.731	0.103	2.693	0.007			

以教师胜任力量表中的子胜任力特征为因变量，仍然以自我特征中7个成分的代表性变量作为自变量，进行逐步回归分析，结果见表3-5。

表 3-5　教师胜任力子胜任特征的回归分析结果

因变量	自变量	B 值	Beta 值	t 值	p 值	F 值	R 值	R^2 值
个人特质	内向性自我意识	0.282	0.329	8.262	0.000	52.390	0.614	0.376
	生理自我	0.161	0.230	5.443	0.000			
	依赖型	0.203	0.227	5.584	0.000			
	得克萨斯社会行为B	0.122	0.207	5.040	0.000			
	自我的刻板性	−0.120	−0.095	−2.418	0.016			
关注学生	依赖型	0.165	0.280	6.452	0.000	36.556	0.544	0.296
	生理自我	0.078	0.169	3.709	0.000			
	内向性自我意识	0.114	0.202	4.831	0.000			
	对肯定自我认知的自我排斥	0.142	0.125	2.914	0.004			
	得克萨斯社会行为B	0.041	0.107	2.448	0.015			
专业素养	依赖型	0.116	0.238	5.383	0.000	27.486	0.525	0.276
	生理自我	0.072	0.190	4.047	0.000			
	内向性自我意识	0.095	0.203	4.766	0.000			
	对肯定自我认知的自我排斥	0.107	0.113	2.604	0.010			
	得克萨斯社会行为B	0.030	0.094	2.118	0.035			
	他人导向	−0.053	−0.088	−2.095	0.037			

续表

因变量	自变量	B 值	Beta 值	t 值	p 值	F 值	R 值	R^2 值
人际沟通	依赖型	0.161	0.307	7.420	0.000	61.554	0.601	0.361
	生理自我	0.104	0.253	6.212	0.000			
	内向性自我意识	0.092	0.183	4.642	0.000			
	对肯定自我认知的自我排斥	0.190	0.186	4.583	0.000			
建立关系	依赖型	0.182	0.322	7.672	0.000	45.505	0.586	0.344
	内向性自我意识	0.121	0.223	5.538	0.000			
	生理自我	0.058	0.131	2.973	0.003			
	对肯定自我认知的自我排斥	0.149	0.136	3.291	0.001			
	得克萨斯社会行为 B	0.051	0.137	3.237	0.001			
信息搜集	依赖型	0.113	0.244	5.537	0.000	36.881	0.503	0.253
	生理自我	0.073	0.201	4.384	0.000			
	内向性自我意识	0.091	0.205	4.775	0.000			
	得克萨斯社会行为 B	0.041	0.136	3.029	0.003			
职业偏好	依赖型	0.099	0.279	6.473	0.000	43.414	0.534	0.285
	生理自我	0.067	0.239	5.328	0.000			
	得克萨斯社会行为 B	0.039	0.165	3.756	0.000			
	内向性自我意识	0.046	0.134	3.184	0.002			
尊重他人	依赖型	0.067	0.232	5.141	0.000	34.013	0.488	0.238
	生理自我	0.049	0.217	4.874	0.000			
	内向性自我意识	0.059	0.212	4.905	0.000			
	对肯定自我认知的自我排斥	0.054	0.096	2.165	0.031			
理解他人	内向性自我意识	0.075	0.270	6.193	0.000	32.218	0.478	0.229
	生理自我	0.054	0.241	5.168	0.000			
	依赖型	0.037	0.128	2.868	0.004			
	得克萨斯社会行为 B	0.019	0.098	2.155	0.032			

表 3-5 显示,自变量对个人特质、人际沟通和建立关系等因变量的联合解释量达到 30% 之多。可见,教师的自我心理结构对他们的个人特质、人际沟

通和建立关系的能力有一定的影响力。在关注学生、专业素养、信息搜集、职业偏好、尊重他人和理解他人等子胜任特征上,自变量的联合解释量在20%到30%之间,表明自我心理结构在其中起到作用。虽然回归模型不尽相同,但是自变量中依赖型自我建构、内向性自我意识和生理自我都进入了每个回归模型中,说明它们代表的自我心理结构中的因子——自我建构、自我意识和自我概念对这些胜任力特征都有预测作用。

四、讨 论

面对知识经济时代对于培养创新型人才的教育诉求,优秀的教师不仅需要过硬的专业知识和技能,还需要具备教育智慧来激发学生的灵感与创造力。教育经验表明,凡是优秀的教师无不是自主成长型的教师,因此,教师的主体性在其专业成长中起着关键作用。而这种主体性即教师的自我。自我既是主体也是客体,其作用在于帮助认识、操纵我们的想法,调节行为,提前为可能发生的事情做好准备,有意识地比较自己的标准和他人的标准,控制行为使之符合时宜等(Leary & Buttermore,2003)。Carver 和 Scheier(2012)提出"测验—操作—测验—退出(TOTE)模型",很好地阐释了自我调节监督的过程。在第一个"测验"阶段,人们对当前状态和最后的理想状态进行比较;在"操作"阶段,采取措施使当前状态向目标状态靠拢;在第二个"测验"阶段,对新的当前状态与目标状态进行比较;在"退出"阶段,当目标达到时,操作即停止。这个模型充分地体现了自我的主动性,因为个体不是被动地对环境信息做出反馈,而是根据自身的特点设定目标,付诸努力,不断调整直至达成目标。而这些需要建立在个体对自我了解的基础上。教师想要在教育事业上有所进步,克服专业发展的瓶颈,最终还是需要回到了解自我的源头上。所以,研究对教师的自我心理特征进行了调查,使用因素分析和多元回归的方法,就可以得到教师人群的自我心理结构,从而构建促进教师专业发展的自我心理结构的理论模型。

(一)教师的自我心理结构

因素分析结果显示,教师专业发展的自我心理结构模型包括7个因子,分别是自我概念、社交自尊、自我意识、印象管理、自我接纳、自我建构与自我和谐。这7个因子的联合解释变异量为66.097%,说明萃取的这7个因子相当理想。

"自我概念"因子包括生理自我、道德自我、家庭自我、心理自我和社会自我五个方面,涵盖个体对自己各个方面的觉知。Burns(1982)在 *Self-concept*

Development and Education 一书中指出自我概念具有三大功能：① 保持内在一致性，即保持自身想法与情绪、行为的一致性，从而引导行为；② 影响个人对经验的解释，积极的自我概念赋予经验积极的意义，消极的自我概念则赋予经验消极的意义；③ 影响人们的期望，个体持有的自我概念会投射到他人对自己的期望和评价上（于红丽，2005）。不言而喻，自我概念是教师人群自我心理结构的重要环节。

"社交自尊"因子包括得克萨斯社会行为 A/B、外向、一般自我效能感和社会焦虑五个方面，主要围绕个体对自己在社会交互过程中的能力的评价和情绪。教师是一类特别需要与人打交道的职业，需要一个人面对一群性格各不相同的学生及他们的家长，外加学校的领导、同事，因而灵活有策略地处理与这些对象的关系对教师而言非常重要。

"自我意识"因子包括内向性自我意识、私我、外向性自我意识和心理监控策略四个方面，主要涉及个体对自己以及对自己与外界关系的意识。该因子体现的是教师的自我观察、自我分析和自我反思方面。研究者指出，良好的自我意识是教师自身健康成长的需要，有助于教师正确认识自我，是现代教师知识结构的重要组成部分，有助于教师的职业生涯规划，自我思考意识唤醒有助于教师生命的提升（章婧，2010）。所以教师的自我意识不可或缺。

"印象管理"因子包括他人导向、负面评价恐惧、公我和表演四个方面，主要体现的是个体根据外在社会、他人标准进行调节自己行为以获得他人好印象的倾向和情绪。教师的形象关乎学生对教师的看法和评价，也反作用于教师对自己的认识和评价，对于师生双方在教学活动中的主动性、积极性和创造性都有影响（鲍秋香，2011）。所以印象管理也要引起教师的重视。

"自我接纳"因子包括对肯定自我认知的自我排斥（反向计分）、对否定自我认知的自我接纳和对肯定自我认知的自我接纳，指的是个体对自己的一切，包括身体、能力、性格等方面都能确认其客观存在和正面价值，认可这一现实。该因子体现了人本主义的思想，如果个体清楚自己是怎样的人，但是对于自己的不足、缺陷或是不符合社会标准的方面无法接受的话，也会诱发一系列的心理困扰，所以自我接纳对于教师具有重要的适应意义。

"自我建构"因子包括依赖型自我建构、关系型自我建构和独立型自我建构三个方面，指的是个体在认识自我时，会将自我放在何种参照体系中进行认知的一种倾向。人们或是将自我看作与他人相分离的独立实体，或是将自我置于社会关系网络的一部分（刘艳，2011）。不同的自我建构类型，对应不同的行动风格。依赖型自我建构或关系型自我建构强调与其他个体、集体的关系，行为顾忌他人，遵守规则。独立型自我建构强调个体的独特性，按照自己的态度、想法行事，善于自我表达。因而，自我建构也是教师自我心理结构中的重要组成部分。

"自我和谐"因子主要是自我的刻板性（本研究反向计分），体现了个体对自我的看法不刻板，能根据经验不断调整自己的想法，使理想和经验相协调。该因子同样体现了人本主义的思想，起到了人格的自我调节作用，是对个体如何做到"自我接纳"的方法补充。所以，自我和谐对教师也有适应意义。

（二）促进教师专业发展的自我心理结构理论模型

在因素分析的基础上，以教师胜任力作为衡量教师专业发展的指标，探求自我心理结构对教师胜任力的预测。多元回归分析结果显示，有5个因子进入了回归方程，联合解释量也达到了43.7%，说明教师自身的自我心理结构对其专业发展确实是有很大帮助，验证了我们的假设。进入回归方程的5个因子分别是自我建构、自我概念、自我意识、社交自尊和自我接纳，构成了促进教师专业发展的自我心理结构的理论模型。这个理论模型表明教师的专业发展需要教师建构自我系统。在这个系统中，教师要对自己各方面有比较全面的认识，只有具备清晰的自我意识和全面的自我认识，才能深刻反思自己的专业发展活动，认真地体验专业发展的过程，特别体验教学有所成就的喜悦，这是推动教师发展的内部动力。在这个过程中，既要发现自己的问题和不足，正视专业发展过程中做得还不够的地方，也要看到当下自己做得好的部分，接纳自己一切，才能找到之后努力的方向。然而，专业发展不是闭门造车，教师需要和学生交流，因为学生是教学效果的直接反馈源；需要和同事合作，交流经验，分享心得，相互"找茬"，才能促进彼此教学水平的进步；需要和家长建立友好、有建设性的联系，"家—校"之间的互通和协作，可以有效地促进教学工作。当然，还有和学校领导、校外同行之间，良性地交流、合作都会促进专业的发展。

对教师胜任力子胜任特征的回归分析发现，进入"关注学生"和"建立关系"回归方程的5个因子是自我建构、自我意识、自我概念、自我接纳和社交自尊。对这两个子胜任特征有预测作用的因子与胜任力的因子相同。如开篇所言，教师与学生的互动是一种在体力、认知水平、社会经验等各方面都不对等的关系，那么如何开展教学活动？教师除了需要一定的人际交往技巧外，还必须能够正确、清晰地认识自己、了解自己、接纳自己，以平和、发展的眼光看待学生，尊重学生，真正地为学生着想。对学生如此，对他人亦是如此。

"个人特质"指进取心、责任心、自信心、灵活性、效率感、影响力、智性等个人方面品质等，进入该子胜任特征回归方程的5个因子分别是自我意识、自我概念、自我建构、社交自尊和自我和谐，说明教师个人品质的培养需要较强的自我意识，全面的自我认识，能构建系统的自我，会灵活地处理社会关系。另外，个人特质和自我和谐是负相关，说明个人特质的培养需要一些对自我的刻板和固执，而不是不断去调整自己，使自己处于一个相对和谐的状态。一些坚持和较真反而是个人特质形成的原因之一。

"专业素养"与教学有关，指使用各种教学方法和技能完成课堂教学、日常辅导等教学工作和任务，发展学生的思维能力等，进入该子胜任特征回归方程的6个因子分别是自我建构、自我概念、自我意识、自我接纳、社会感和自我监控。前5个因子与"关注学生"等因子一致，但"专业素养"还和印象管理有关，然而这种相关是负相关。说明专业素养的培养需要教师下功夫提高专业知识和技能，自主地思考、形成自己的教学方法，而把心思放在打造自己的外在形象上，想要给他人留下好的印象不利于专业素养的提高。

"人际沟通"涉及人际交流与沟通、与学生如何相处、待人方式、处理学生问题的方式；"尊重他人"指的是对他人的宽容、接受和尊重。都进入这两个子胜任特征回归方程的4个因子有自我建构、自我概念、自我意识、自我接纳，其中自我建构的预测力相对较大，说明自我建构对人际沟通、尊重他人相当重要。

"信息搜集"涉及教学资料、学生信息、个人教学信息的搜集与反馈，进入该子胜任特征回归方程的4个因子分别是自我建构、自我概念、自我意识和社交自尊，其中自我建构的预测力相对较大，说明自我建构对信息搜集很重要。同时，社交技巧对于信息的收集也有作用。

"职业偏好"涉及对班级、学校、教育事业的热情和兴趣，进入该子胜任特征回归方程的4个因子分别是自我概念、自我建构、社交自尊和自我意识，说明教师对职业的偏好需要对自己有全面的了解，只有知道自己的兴趣所在才能从教学中发现教学的乐趣。

"理解他人"表现的是对他人心情及行为的感受，并且能够主动采用各种方式去了解他人，设身处地去为他人着想，进入该子胜任特征回归方程的4个因子分别是自我意识、自我概念、自我建构和社交自尊。所谓知己知彼，教师要理解他人前提是清晰的自我认识。

五、小　结

本研究构建了教师的自我心理结构，包括自我概念、社交自尊、自我意识、印象管理、自我接纳、自我建构与自我和谐。其中自我建构、自我概念、自我意识、社交自尊和自我接纳对教师胜任力有重要预测作用,研究从理论上发现了促进教师专业发展的自我心理结构模型。

本章参考文献

鲍秋香.浅谈教师印象管理[J].科教文汇,2011(6).

李永鑫,高冬东,申继亮.教师倦怠与自尊、心理健康和离职意向的关系[J].心理发展与教育,2007(4).

刘晓明,秦红芳.中小学教师的自我概念与其职业倦怠的关系[J].中国临床心理学杂志,2005(2).

刘艳.自我建构研究的现状与展望[J].心理科学进展,2011(3).

孙配贞,郑雪,许庆平,余祖伟.小学教师核心自我评价,应对方式与工作倦怠的关系[J].心理发展与教育,2011(2).

孙鑫.高中教师工作责任心对工作绩效的影响[D].开封:河南大学,2012.

王登峰.自我和谐量表的编制[J].中国临床心理学杂志,1994(1).

王雁飞.企业员工成就目标定向研究[D].北京:中国科学院,2002.

徐建平.教师胜任力模型与测评研究[D].北京:北京师范大学,2004.

于红丽.中小学教师自我概念、教学效能感与职业倦怠的关系研究[D].长春:东北师范大学,2005.

张日昇.青年心理学:中日青年心理的比较研究[M].北京:北京师范大学出版社,1993.

章婧.培养教师良好的自我意识:教师专业发展的内在诉求[J].现代教育论丛,2010(4).

周喜华.高校青年教师职业倦怠与生存质量、自我和谐的关系[J].中国健康心理学杂志,2013(7).

Burns, R. B. *Self-concept Development and Education*[M]. London: Holt, Rinehart and Winston, 1982.

Carver, C. S. & Scheier, M. F. *Attention and Self-regulation: A Control-theory Approach to Human Behavior*[M]. New York: Springer-Verlag, 2012.

Fenigstein, A., Scheier, M. F. & Buss, A. H. Public and private self-consciousness: Assessment and theory[J]. *Journal of Consulting and*

Clinical Psychology,1975,43(4).

Fitts, W. H. *Manual for the Tennessee Self-concept Scale*. [M] Nashville,TN: Counselor Recordings and Tests,1965.

Helmreich,R. & Stapp,J. Short forms of the Texas Social Behavior Inventory (TSBI),an objective measure of self-esteem[J]. *Bulletin of the Psychonomic Society*,1974,4(5).

Judge,T. A. ,Erez,A. ,Bono,J. E. & Thoreson,C. J. The core self-evaluations scale: Development of a measure[J]. *Personnel Psychology*, 2003,56(2).

Leary,M. R. A brief version of the fear of negative evaluation scale[J]. *Personality and Social Psychology Bulletin*,1983,9(3).

Leary,M. R. & Buttermore,N. R. The evolution of the human self: Tracing the natural history of self-awareness[J]. *Journal for the Theory of Social Behaviour*,2003,33(4).

Rosenberg,M. Rosenberg self-esteem scale (RSE)[DB]. Acceptance and commitment therapy. Measures package 61,1965.

Singelis,T. M. The measurement of independent and interdependent self-construals[J]. *Personality and Social Psychology Bulletin*,1994,20(5).

Snyder,M. Self-monitoring of expressive behavior[J]. *Journal of Personality and Social Psychology*,1974,30(4).

Tangney,J. P. ,Baumeister,R. F. & Boone,A. L. High self-control predicts good adjustment, less pathology, better grades, and interpersonal success[J]. *Journal of Personality*,2004,72(2).

第四章 教师专业发展的自我心理结构经验模型研究

一、引 言

一名优秀的教师,不仅要在专业技能、素养、认知上表现突出,同时在心理特质,特别是自我心理结构上也要有其独特的表现。在上一章,通过因素分析和多元回归的方法,我们验证了存在促进教师胜任力的自我心理结构理论模型。然而教师胜任力的测量还是基于样本被试的自陈评价,不能反映外界(学生、家长、学校、教育系统等)对教师专业发展水平的客观评价。为了弥补这一不足,本研究根据教师专业发展的客观情况(教学绩效情况),将样本被试分为职前师范生、短教龄教师、长教龄非绩优教师和长教龄绩优教师,调查这四组人群的教师胜任力及他们在不同自我心理特征指标上的表现。研究将考察这些处于不同教学发展阶段和水平的教师在教师胜任力上的差异。更重要的是,根据教师们在自我心理特征上的表现,建构与教师专业发展相关的自我心理结构的经验模型。

二、方 法

(一) 对 象

师范生样本有效人数 212 人,其中男生 34 人,女生 178 人,平均年龄为 20.46 ± 0.704 岁。根据教师教龄,将 0—5 年教龄的教师归为短教龄组,11 年及以上教龄的教师归为长教龄组。然后,根据教师问卷中教师回答"是否为省市、国家骨干教师/教学能手/特级教师/优秀教师/模范教师"为"是"作为判断教师教学水平优秀的依据,将教师分为绩优组和非绩优组。由于短教龄组只有 1 名教师符合优秀标准,绝大部分属于非绩优教师,所以短教龄教师不单独分开设立样本组。研究主要考察教师专业发展从职前到入职初期、到有经验的教师、到有经验的绩优教师发展阶段的不同。最终教师样本有效数据为 126 人,均为本科及以上学历,具体情况见表 4-1。

表 4-1　三类教师样本的基本情况

	人数	男教师	女教师	平均年龄(SD)	幼儿园	小学	初中	高中
短教龄组	46	8	38	28.16(2.84)	4	20	14	8
长教龄非绩优组	57	12	45	36.19(3.01)	1	21	14	21
长教龄绩优组	23	5	18	37.74(3.79)	0	5	8	10

注：SD 为标准差的缩写。

(二)测量工具

研究采用了罗森伯格自尊量表、得克萨斯社会行为问卷、核心自我评价量表、一般自我效能感量表、自我控制量表、自我监控量表、自我监控策略量表、自我意识量表、自我接纳量表、自我和谐量表、内向性自我意识量表、外向性自我意识量表、自我建构量表、关系型自我建构量表、简明负面评价恐惧量表和田纳西自我概念量表等 16 个测量自我心理特征的量表，以及测量教师胜任力问卷，共 17 个问卷(问卷具体介绍见上一章)。

三、结果与分析

(一)不同专业发展水平教师在教师胜任力上的表现

以样本被试类别(职前师范生、短教龄教师、长教龄非绩优教师和长教龄绩优教师)为自变量，教师胜任力总分及各个胜任子特征上的得分分别为因变量进行单因素方差分析。结果发现，四组被试除了在"尊重他人""理解他人"和"信息搜集"三个子特征上得分没有显著差异外，在胜任力总分和个人特质、关注学生、专业素养、人际沟通、建立关系、职业偏好等子胜任特征上，均发现类别的主效应显著或边缘显著(见表 4-2)。

表 4-2　四组被试在胜任力及其子胜任特征上的平均值和方差检验结果

	师范生	短教龄组	长教龄非绩优组	长教龄绩优组	F	Sig.	偏 Eta 方
胜任力量表	182.72(19.15)	181.93(19.18)	180.84(18.54)	193.65(17.17)	2.739	0.043	0.024
个人特质	36.21(4.40)	34.24(4.58)	34.75(4.17)	37.44(4.67)	4.652	0.003	0.040
关注学生	24.56(3.20)	24.89(3.20)	25.03(2.98)	26.52(2.70)	2.842	0.038	0.025
专业素养	20.36(2.43)	20.09(2.91)	20.49(2.25)	22.48(2.35)	5.587	0.001	0.048
人际沟通	24.72(2.63)	25.83(2.54)	25.30(2.85)	26.74(2.36)	5.674	0.001	0.048
建立关系	24.61(2.90)	24.67(3.24)	24.33(2.86)	26.13(2.74)	2.183	0.090	0.019
信息搜集	16.25(2.33)	16.17(2.01)	15.77(2.26)	16.61(3.24)	0.880	0.451	0.008

续表

	师范生	短教龄组	长教龄非绩优组	长教龄绩优组	F	Sig.	偏 Eta 方
职业偏好	12.06(1.70)	11.78(1.89)	11.51(1.93)	12.91(1.62)	3.864	0.010	0.034
尊重他人	11.84(1.42)	12.07(1.48)	11.82(1.66)	12.43(1.62)	1.322	0.267	0.012
理解他人	12.10(1.32)	12.20(1.50)	11.82(1.49)	12.39(1.67)	1.132	0.336	0.010

注：括号内为标准差。

进一步的事后比较显示，长教龄绩优组教师在各项因变量上分数最高，其中在胜任力总分、专业素养、职业偏好上均显著好于其他三类人群。在个人特质上，长教龄绩优组教师和师范生显著好于短教龄教师和长教龄非绩优教师；在关注学生上，长教龄绩优组教师显著好于短教龄教师和师范生；在人际沟通上，长教龄绩优组教师和短教龄组教师显著好于师范生；在建立关系上，长教龄绩优教师显著好于长教龄非绩优教师和师范生（事后比较的统计结果见本章附录）。

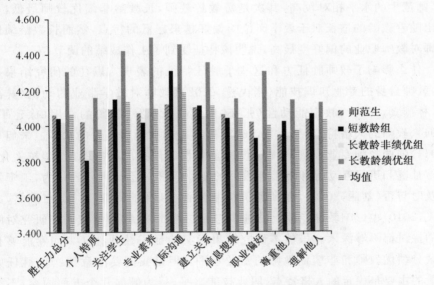

图 4-1　教师在教师胜任总分和每个胜任特征上的平均值

图 4-1 是根据每组样本被试在胜任力总分和每个胜任特征上的平均值绘制的直方图。从图中可以更加直观地比较不同发展阶段和发展水平的教师在这些指标上的水平差异。

从均值水平看，除了"个人特质"以外，其他指标的均值都达到了 4 分，根据量表等级水平，处于"比较符合"，说明四组总体情况比较好，"个人特质"总体水平略低。但是均值并不能体现各组之间的差异。根据各组之间的表现比较发现,长教龄绩优教师在每个胜任特征上的表现都高于4分。根据量表等级水平,处于"比较符合",说明长教龄绩优教师的教师胜任力比较好,尤其在关注学生、专业素养和人际沟通水平等方面。而其他三组在各指标上的表现则呈现出多样的变化。

在个人特质上,长教龄绩优教师水平最高,其次是师范生,而短教龄和长教龄非绩优教师水平相对较低。在关注学生方面,师范生的水平相对较低,然而入职后随着教龄的增长,对学生的关注能力不断提高。在专业素养上,短教龄教师水平相对较低,可能对于新手教师而言,存在从师范生到教师工作的转换,需要适应将学校中学习到的专业知识运用到实际教学工作中的过程。在人际沟通和尊重他人上,短教龄教师发展得相对较好,师范生和长教龄非绩优教师相对较差。在建立关系、信息搜集和理解他人上,师范生和短教龄教师水平差不多,而长教龄非绩优教师的水平相对较低。在职业偏好上,师范生的水平相对较高,其次是短教龄教师,长教龄非绩优教师最低,呈现出随着教龄的增长对于教学岗位的偏好越来越低的特点,然而长教龄绩优教师对教师职业的偏好度最高,说明该特征受到了工作成绩的调节。

什么影响了教师胜任力和这些子胜任特征的表现?以往的研究结果显示,教师自身的专业知识技能(张民选,2002)、教师对教学事业的动机(林高标,林燕真,2013)、教育能动性(张娜,申继亮,2012)、教龄的作用(徐建平,2004)、教师的人格特点(吴秋芬,2008)等都影响教师胜任力的水平。朱旭东(2014)强调教师专业发展环境建设的重要性。他指出国家制度、学校文化、学习社群和班级互动等环境影响教师的专业发展。还有研究者认为,工资发放及时与否(刘丽,2009),教师评价机制是否合理(于鸿雁,高雁,卢国君,成玉飞,2010)也影响教师专业上的进步与否。然而,这些理论或调查研究对问题的探讨都不够深入。虽然本研究结果确实验证了教师胜任力问卷能够有效区分绩优教师和非绩优教师的专业水平。但是我们要注意到:① 胜任力测量的主要是稳定的人格特点、职业技能水平、行为倾向几个方面内容,不涉及这些素质背后的心理过程、心理机制;② 教师胜任力问卷的目的主要在于区别教师和非教师、绩优教师和非绩优教师职业技能、行为的差异,未能深入揭示教师专业发展各个阶段心理结构从量的变化到质的重构变化的规律;③ 胜任力测评没有发现从师范生到入职,到长教龄教师,在胜任力指标水平上稳定的增长趋势,而是呈现各指标间复杂、多向性的变化形态。因此,有必要深入教师专业发展不同阶段之中去,从内部心理结构的角度,探讨教师专业发展的深层动因。

（二）不同专业发展水平教师在自我心理特征上的表现

对师范生和三类教师人群在各自我心理特征量表及其子量表上的分数进行单因素方差分析，主效应显著。进行事后比较，结果发现这些数据呈现出规律性的六大类数据模式（方差不显著的或两两比较，不显著的结果没有进入分析，具体方差分析和事后比较数据结果见附录4-2、4-3），分述如下。

1."反7型"

四类抽样人群的自我和谐量表分、自我与经验的不和谐分（反向计分）呈现出相似的数据形态。统计分析结果显示，在这两个指标上，组间差异显著，事后比较结果显示师范生的分数显著低于其他三组教师人群，而在职教师之间没有差异，构成类似"反7"（数字"7"的镜像）的形状。自我与经验的不和谐分数经过反向转换，所以分数越高说明自我与经验越和谐。

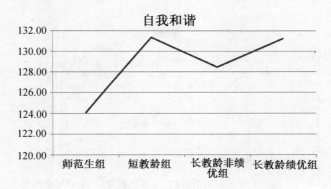

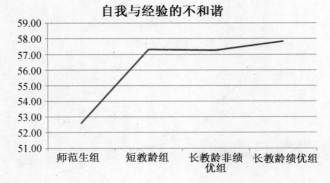

2."瀑布型"

四类抽样人群在自我监控量表分数、表演分数、他人导向分数、社会焦虑分数和负面评价恐惧分数上呈现出相似的数据形态。统计分析结果显示，在这五个指标上,类别的主效应差异显著,事后比较结果显示,师范生组的分数显著高于其他三组,而在职教师组间差异不显著。这一数据的形态类似从高处倾斜而下的瀑布,称之为"瀑布型"。

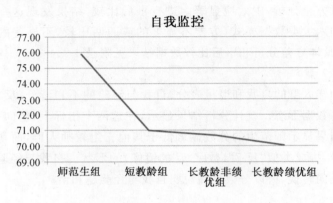

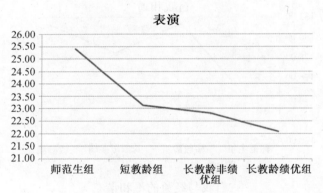

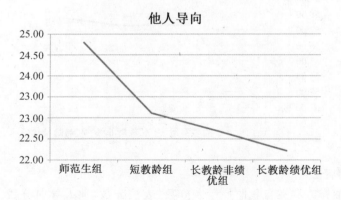

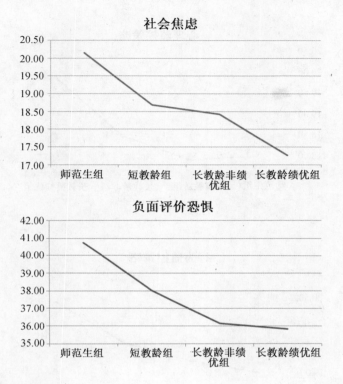

3."折勾型"

四类抽样人群在自我监控策略分数及其子量表心理监控分数、行为监控分数和环境监控分数，自我控制分数，独立型自我建构分数上表现出相似的数据形态。统计分析结果显示，在这些指标上，类别的主效应显著。事后比较结果显示，长教龄绩优组教师在自我监控策略总分、独立型自我建构分数上显著高于其他三组，在环境监控分数、行为监控分数、心理监控分数以及自我控制分数上显著高于师范生，呈现出类似"折勾"型的数据形态。

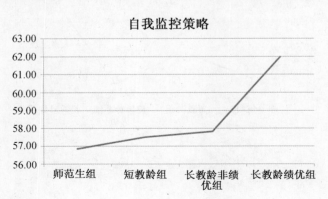

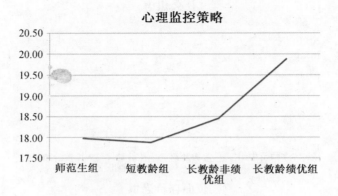

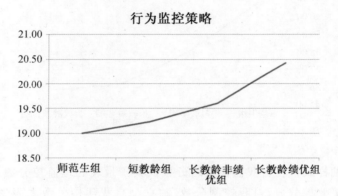

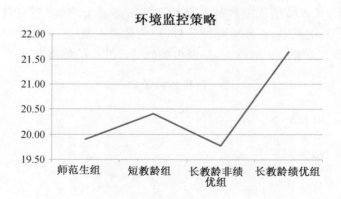

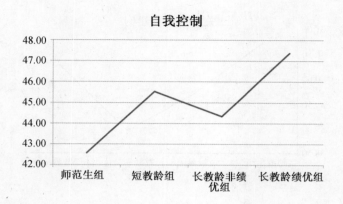

自我建构量表中互依型自我建构的得分显著大于独立型自我建构的分数[$F(1,334)=83.056$, $p<0.001$, 偏 Eta 方 $=0.199$],所以四组都属于互依型自我建构类型,然而四组互依型自我建构分数差异不显著。不过,统计结果显示,长教龄绩优教师的独立型自我建构分数显著高于其他三组,说明独立自主性在教师专业发展中的重要性。

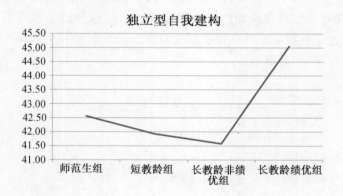

关系型自我建构指个体倾向于认为自己与他人是紧密关联的,注重亲密他人的需求和看法,想要实现与亲密他人的和谐共处。方差分析显示,类别的主效应显著,事后比较发现,师范生关系型自我建构的分数显著高于长教龄非绩优教师,属于该数据类型的特例。

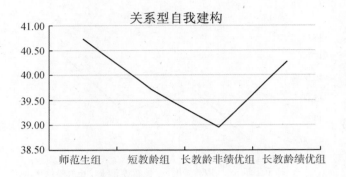

4. "N 字型"

四类抽样人群在自我接纳分数、对肯定自我认知的自我接纳、对肯定自我认知的自我排斥(反向计分)和对否定自我认知的自我接纳分数上表现出相似的数据形态。统计分析结果显示,在这四个指标上,组间差异显著,事后比较结果显示,师范生的分数显著低于短教龄教师和长教龄绩优教师。另外,长教龄非绩优教师在这四个指标上的分数与师范生分数接近,在自我接纳量表分上显著低于短教龄教师和长教龄绩优教师,在对肯定自我认知的自我接纳和在对肯定自我认知的自我排斥(反向计分)分数上显著低于短教龄教师,在对否定自我认知的自我接纳上显著低于长教龄绩优教师。这些数据特征呈现"N 字型"的形态。

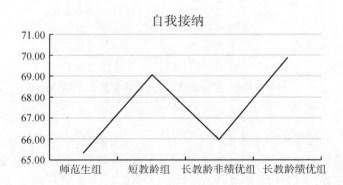

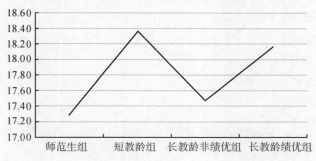

对肯定自我认知的自我接纳

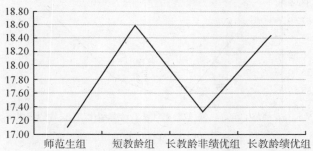

对肯定自我认知的自我排斥

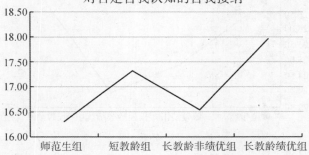

对否定自我认知的自我接纳

5. "V字型"

四类抽样人群在自我意识量表、内向性自我意识量表、外向性自我意识量表、公我分数上表现出相似的数据形态。统计分析结果显示,在这四个指标上,组间差异显著,事后比较结果显示,师范生和长教龄绩优教师的分数没有差异,二者的分数要高于短教龄教师和长教龄非绩优教师的分数,呈现出"V字型"的数据形态。

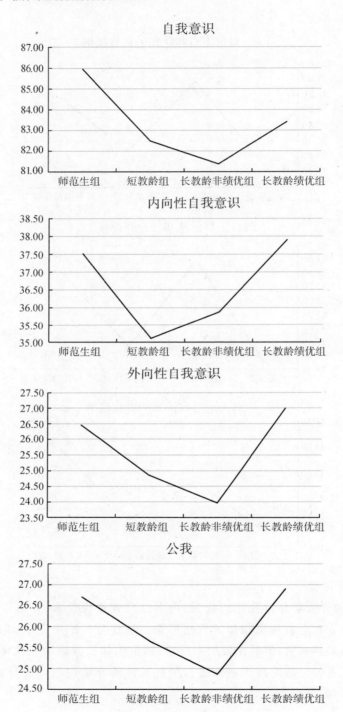

6."阶梯型"

四类抽样人群在田纳西自我概念分数及其子量表生理自我、道德自我、心理自我、家庭自我和社会自我分数,罗森伯格自尊分数、核心自我评价分数上表现出相似的数据形态。统计分析结果显示,在这些指标上,组间差异显著。师范生在这些指标上分数最低,短教龄教师的分数有所上升,而长教龄非绩优教师分数略有下降,长教龄绩优教师分数最高,呈现类似"阶梯型"的数据形态。总体来看,"阶梯型"数据形态包括自我概念、自我评价两大自我心理特征。

在自我概念这一自我心理特征上,师范生在自我概念总分及分量表分上均显著低于长教龄绩优教师,在道德自我得分上还显著低于短教龄教师和长教龄非绩优教师,在家庭自我得分上也显著低于短教龄教师;短教龄教师和长教龄非绩优教师在自我概念总分、心理自我上显著低于长教龄绩优教师;长教龄非绩优教师还在道德自我得分上显著低于长教龄绩优教师。

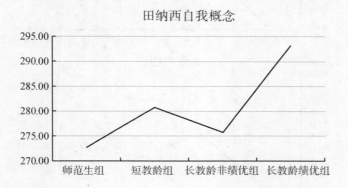

田纳西自我概念

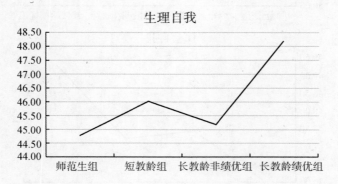

生理自我

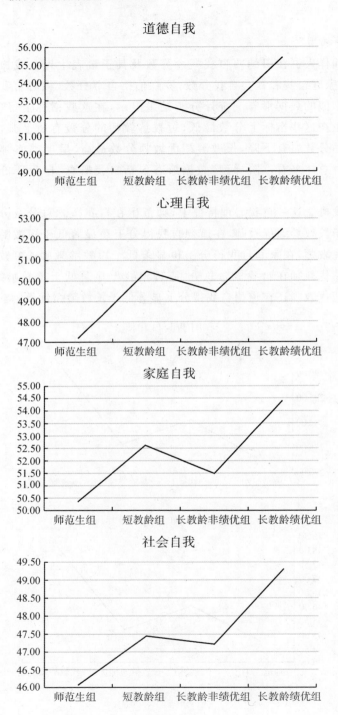

自我批评表示个体对自己缺点和不良品质的认知评价，得分越高说明个体认为自己的缺点越多，自我概念越低。方差分析结果显示，类别主效应显著。事后比较发现，师范生的自我批评分数显著高于短教龄教师和长教龄非绩优教师，长教龄绩优教师与其他三组没有显著差异。自我批评属于该数据形态的特例。

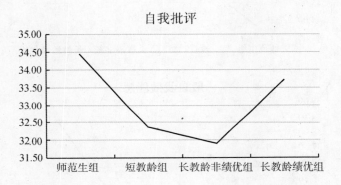

自尊是个体对自己的能力或价值做出的肯定或否定的自我评价。核心自我评价是个体对自己的价值和能力做出的最基本的评价。本研究结果显示，在这两个指标上师范生的分数显著低于教师群体，长教龄绩优教师自我评价最高。一般自我效能感与自尊、核心自我评价均表示个体对自己能力或特质的肯定，属于自我评价，长教龄绩优教师的一般自我效能感显著高于其他三组，其他三组没有差异。一般自我效能感的数据形态并不是"阶梯型"，是该数据形态下的特例。

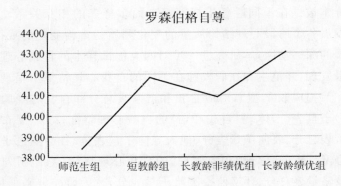

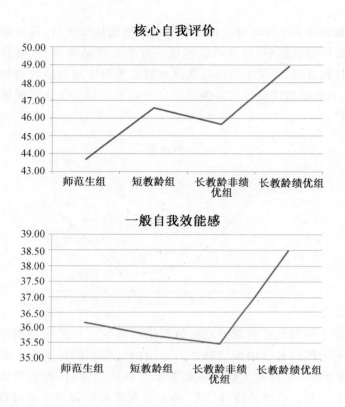

四、讨 论

通过对师范生、短教龄教师、长教龄非绩优教师和长教龄绩优教师的教师胜任力及其子胜任特征的分析,发现长教龄绩优教师的表现最好,同时还看到四类样本被试在不同胜任指标间复杂而多样态的相互关系。为了探究教师专业发展各个阶段心理结构从量的变化到质的重构变化的规律,揭示教师专业发展的深层动因,本研究进一步对四类被试样本的自我心理特征进行分析。结果发现,师范生和在职教师在不同的自我心理特征上呈现出规律的数据形态,有:①"反7型",对应自我和谐量表总分和自我与经验的不和谐(反向计分)子量表分,体现"自我和谐"的自我心理特征;②"瀑布型",对应自我监控量表总分、表演子量表分、他人导向子量表分、社会焦虑子量表分和负面评价恐惧量表分,体现"印象管理"的自我心理特征;③"折勾型",对应自我监控策略量表总分、环境监控策略子量表分、行为监控策略子量表分、心理监控策略子量表分和自我控制量表分,体现"自我调控"的自我心理特征;对应独立型自我建构子量表分,体现"自我建构"的自我心理特征;④"N字型",对应自我接纳量表总分、对肯定自我认知的自我接纳子量表分、对肯定自我认知的自我排斥(反向计分)子量表分和对否定自我认知的自我接纳子量表分,体现"自我接纳"的自我心理特征;⑤"V字型",对应自我意识量表总分、内向性自我意识量表分、外向性自我意识量表分和公我子量表分,体现"自我意识"的自我心理特征;⑥"阶梯型",对应田纳西自我意识量表总分、生理自我子量表分、道德自我子量表分、心理自我子量表分、家庭自我子量表分和社会自我子量表分,体现"自我概念"的自我心理特征;对应罗森伯格自尊量表分、核心自我评价量表分和一般自我效能感量表分,体现"自我评价"的自我心理特征。将这些数据形态结合起来看,会发现教师的发展阶段和发展水平充分地体现在了这些自我心理特征上。在此基础上,构建了对应于教师专业发展的自我心理结构的经验模型,该模型由8个维度组成,包括一大基础、一大功能和六大特征。

(一) 自我的基础——自我意识

自我意识是一个人对自己的认识和评价,包括对自己心理倾向、个性心理特征和心理过程的认识与评价。自我意识是人意识的最高形式,是人的意识的本质特征。人的意识的实质就是自己能意识到自己,这种意识到自己的含义不仅是认识问题,还包含了对自己的情绪体验和行为调节功能,人的意识活动不仅仅停留在认识或知觉上,而且有意向活动(意向是指人们对待或处理客观事物的活动,表现为欲望、愿望、希望、意图等)(孟繁兴,2009)。人具有自我意识,才能使人对自己的思想和行为进行自我控制和调节,使自己形成完整的个性,所以自我意识是自我结构、自我功能发挥的基础。

本研究中,自我意识包括向内的内省式的自我意识和对外的外观式的自我意识。

内省式的自我意识主要体现在内向性自我意识上,指个体将自我的注意力投注到自身身上,关注自己的想法、情感。自我意识量表由私我、公我和社会焦虑三个部分组成,其中私我是指个体习惯性地注意自我中私密的方面,这些方面只有本人才能观察到。师范生和长教龄教师的内向性自我意识得分也高于短教龄教师和长教龄非绩优教师,表明职前师范生和长教龄教师内省式的自我意识水平均较高。

外观式的自我意识包括自我意识量表中的公我部分和外向性自我意识,表达的是个体将自我的注意力放到周围环境和他人上,关注他人对自己的看法和评价,注重自己的社会形象。公我是指习惯性地注意自我中公开的方面,这些方面是别人能够观察和评价的。外向性自我意识指个体考虑到自己作为社会实体的一面,注重自己的公众形象(易美洁,2013)。职前师范生和长教龄绩优教师在这两个指标上的分数高于短教龄教师和长教龄非绩优教师,说明他们的外观式的自我意识水平均较高。

所以无论是对内还是对外自我意识特征,长教龄绩优教师的水平都比较高,而短教龄教师和长教龄非绩优教师的自我意识水平均较低,说明自我意识是教师专业发展的保证。与此同时,自我意识还要和自我心理结构中的其他功能成分协同,才能发挥它的适应性作用。虽然结果发现师范生的自我意识水平也相对较高,与长教龄教师没有差异,但是他们的自我和谐、自我接纳水平低,他们会过度担心自己的表现给他人留下不好的印象而有较高的社会焦虑,担心他人的负面评价。可见师范生的高自我意识并没有发挥积极的作用,反而使他们对目标工作或任务的注意力和精力分散,影响行为表现和情绪,所以师范生的自我意识不够成熟。相反,长教龄绩优教师自我已发展成熟,自我结构稳定,他们的高自我意识可以协调对内和对外两股力量,一方面能够适度地自我反省,帮助他们达到自我和谐和自我接纳,另一方面对环境、他人的适度重视给予他们工作上好好表现的动力。

综上,自我意识对教师专业发展起到了非常重要的作用。首先,自我意识是认识他人的条件。教师在了解自己的基础上,才能更好地了解学生。其次,自我意识是提高自觉性、自控力的前提,对自我教育有推动作用。教师的角色意识很重要,只有意识到自己是谁,应该做什么的时候,才会自觉自律地做出表率行为。同时,教师意识到自己在教学中的长处和不足,有助于他/她发扬优点,克服缺点,取得自我教育积极的效果。再次,自我意识是自我完善的推手。个体自身人格层面的特点往往是个体的认知、情绪、行为背后的原因。对自身人格特点的意识,使教师能不断地自我监督、自我修养、自我完善。因而,自我意识影响着教师的学识修养和品德建设,并促进教师形成鲜明独特的教学风格。

(二)自我的功能——自我调控

自我调控(self-regulation)是自我的核心功能之一,指个体通过监控自己,克服某些固有的行为反应倾向,代之以其他行为,从而使自己的行为更符合社会或自我标准的过程(Baumeister, Vohs & Tice, 2007)。自我调控泛指一切以目标为导向的行为过程。成功的自我调控包括三个重要的成分,分别是标准、监控和能力(于斌,乐国安,刘惠军,2014)。其中,监控指在自我调控过程中,个体要随时监控自己当前的状态是否符合标准,一旦偏离标准,个体就会通过有意识的自我调控来纠正它。所以监控是自我调控中重要的一环。

在教育心理学研究中,自我监控策略是元认知策略的一种,体现的是个体为了达到某一活动目标(教师的教学目标、学生的学习目标),将该活动(教学活动、学习活动)作为意识的对象,不断地对其进行积极主动的计划、检查、评价、反馈、控制和调节的策略。教学实践证明,影响教学效果的一个重要因素是教师如何科学、合理地运用自我监控策略(颜雪珍,江宇,左丛现,2005)。本研究中,长教龄绩优组教师自我监控策略及其子量表分数显著高于其他三组,可见长教龄绩优教师在专业发展上的成绩与他们高水平的自我监控策略密切相关,他们不仅在长年的教学实践中积累了丰富的教学经验,还拥有优秀的教学能力,可以准确把握教学内容、科学管理课堂并做到有效的课后反馈,从而有效地保证教学质量。这些正是职前师范生、短教龄教师和长教龄非绩优教师所欠缺的。

控制力指个体控制想法、情绪、欲望和行为的能力,需要个体克服个人冲动、无意识习惯反应等,是一种有意识的努力行为(Gailiot & Baumeister, 2007)。本研究结果显示,长教龄绩优教师的自我控制力高于其他三组,且显著高于师范生。说明长教龄绩优教师有更好的自我控制能力,会有效地调控自己的状态以服务于教学目标,控制自己不具建设性的、干扰性的反应,例如面对教学工作中的困难不退缩,克制自己的负面情绪而不将其带到教学中去等。

综上,教师的自我调控能力是其专业发展的重要保障。教师只有明确专业发展的目标,调动各方面的能量和资源服务教学事业,排除无关干扰,才能获得自我的成长、事业的成长。

(三)自我的特征

1. 自我和谐——自我的和谐度

自我的和谐度指个体内外在的和谐统一,心灵平和,没有冲突、纠结。本研究发现,职前师范生的自我和谐程度相对较低,内在自我各方面统合程度不及在职教师人群好,尚处于一种相对矛盾、不够灵活的状态。研究表明,与上一代的大学生相比,现在大学生自我和谐水平降低,是因为处于信息化时代的大学生可以方便快速地接收到各种信息,不得不承受来自各方面的影响(李彦章,2004)。另外,大学生群体缺乏社会经历,理想自我往往比较高,但社会现实却和他们想象有出入。还有他们对自己的预期比较高,挫折经历也少,一旦遇到什么事就会引发他们内心的不安、冲突。所以,他们的理想自我与现实自我经常出现不一致的情况,当他们不能很好协调的时候,他们就会体验到这种自我不和谐。

入职后，这方面的问题会大大地得到改善。但是有研究指出，由于教师工作压力大，中小学教师的自我和谐程度较低；由于薪酬和教学管理上的差异，普通学校教师的自我和谐程度低于重点学校教师（赵飞飞，石国兴，周克，2012）。然而，本研究结果并未发现教龄或工作绩效对教师自我和谐程度的影响，而是发现职前、职后自我和谐的差异，表明自我和谐受到社会经历的影响。

2. 印象管理——自我的社交性

自我的社交性是指在社会生活情境中个体根据社会标准不断调整自己的对外表现，进行印象管理，以给他人留下好的印象和这过程中产生的情绪。本研究发现，师范生的自我监控总分以及表演、他人导向的分数显著高于在职教师，并且社会焦虑分数和负面评价恐惧分数显著高于在职教师。说明师范生更加关注自己的外在形象，过于重视他人对自己的评价。

印象管理频率高的个体是对情景线索要求特别敏感的人，他们会不断根据周围的环境来调整自己的行为。他们很可能会支持一些他们根本不赞成的观点，以使自己的行为和环境合拍。由于总是意识到他人的存在，所以他们很少会依据自己的态度行事。高印象管理者在自我呈现中，十分注重人际和谐。所以对于高印象管理者而言，个体态度是为其调节社会功能服务的，因而印象管理有助于适应新工作、角色和人际关系。然而研究也表明，印象管理和社会焦虑成正相关（陈振帮，2011）。本研究也得到了一致的结果，发现随着印象管理程度的提高，个体对社会评价的焦虑上升、对社会负面评价的恐惧增加。因为高印象管理者往往对当下的环境感知更为敏感，所以他们更容易受到周围环境的影响。特别是大学生群体，他们的自我还不够成熟，社会经历较少，容易形成弥散性的对他人评价的关注和重视，他们害怕被拒绝、排斥，希望得到他人的认可、赞扬、肯定。一旦被拒绝、否定，他们就常常感到焦虑、不安。长教龄绩优组教师的社会焦虑、对负面评价的恐惧最低，这可能和他们对自己工作的把握有关。因为他们知道教学工作的规律和节奏，知道怎么做可以达到目标，并且相信自己可以达成目标，教学上的事情在自己的控制范围内，所以这种确信和自信使他们的社会焦虑降低，对他人评价的担心减少。

前人研究还发现，大学生的负面评价恐惧与自尊呈负相关，与自我意识呈正相关（叶舒，2012），本研究的结果也很好地验证了这一结论，表现在师范生具有较高的自我意识，但是他们的自尊较低，负面评价恐惧较高。Snyder自我监控量表所测量的高自我监控者是行为随情境变化而变化，没有考虑自尊原则,只注意行为的情境适宜性,所以这类个体往往压抑内在的真实态度或情感,出现内心冲突(Butler,et al.,2003)。肖崇好(2007)也指出,对于他人导向的监控者,在自我呈现过程中完全依赖他人或情境线索来行动,一方面反映出他们过分看重他人对他们的评价,所以不轻易主动呈现,有较强的心理防卫机制和社会焦虑感;另一方面,也可能是他人导向的人,自尊比较低,他们自觉不如别人,因此以他人的行为作为自我呈现的参照标准(肖崇好,2007)。

本研究从教师专业发展角度对比大学师范生和在职教师人群,发现师范生印象管理指标相关的分数显著大于在职教师人群,说明高印象管理并不是教师专业发展所需要的,甚至对于一名优秀的教师而言是需要避免的。需要指出的是,这里的印象管理指的是人际互动中的印象管理,具有社交性,强调外界他人对个体的影响,区别于教育研究中提出的教师印象管理的概念——强调通过自我形象的塑造向学生投射某些信息,希望在学生心目中形成符合自己期望的某种印象,以此有意识地影响学生(冉玉霞,2009)。所以,二者之间存在作用方向的差异。本研究结果显示,教师要减少社交性的印象管理,不能为了给他人留下好的印象而像"变色龙"一样去迎合他人,不断改变自己,过多地受到外部标准的影响。相反,教师需要多加强内部管理,提升自己的素质和修养,通过德才学识使他人特别是学生产生发自内心的信服、钦佩,同时这种心悦诚服会潜移默化地转化为学生进步的内驱力(张良才,李润洲,2004)。教师只有通过这种内在管理的方式建立起教师形象和权威,才能做好教学管理,使学生亲其师,信其道。

3. 自我建构——自我的独立性

东方儒家文化影响形成了相互依赖、注重关系的互依型自我建构倾向,但同时,研究者指出,互依型和独立型自我建构是相互独立的建构体系,可以同时存在于个体身上,并根据不同的情境展现出来(杨国枢,陆洛,2009)。本研究中,长教龄绩优教师的独立型自我建构分数显著高于其他三组样本被试。独立型自我建构个体更为注重自己的独特性、独立自主(刘艳,2011),长教龄绩优组教师的特点之一是他们在长期的教学过程中形成了鲜明的个人特色,在课程目标的框架下不断形成了自己独特的教学体系。另外,独立型自我建构的个体以目标为导向,具有强烈的提升动机。也就是说相比于其他教师,长教龄绩优组教师在进行教学工作的时候,不止于满足任务的完成,他们追求的是如何更快更好地达到教学目标。

师范生关系型自我建构分数显著高于长教龄非绩优教师,说明师范生比长教龄非绩优教师更加注重与他人亲密关系的建立。然而,该指标提供的教师专业发展的信息不足,故不将该指标纳入模型的自我建构维度中。

4. 自我接纳——自我的开放度

自我不是封闭的结构,它是在与周围环境互动过程中不断建构的。在建构过程中,也不是只接纳好的、积极的部分,而是无论自我的积极的部分还是消极的部分,都作为个体的一部分被认可,吸收到自我的内容中。也就是说,个体持有开放的态度看待自我的内容,能够客观、全面、无条件地接受自己的一切。所以,自我接纳体现了个体正确的自我认知。本研究发现,师范生和长教龄非绩优教师的自我接纳水平低于短教龄教师和长教龄绩优教师。

职前自我的发展不成熟,自我接纳水平相对较低。但是随着入职后,自我不断成熟,自我接纳得到提升,个体可以更为客观地面对自己的能力、素养,体现的是个体可以不盲目自傲、自卑和不被他人的负面评价左右的能力。然而,这一自我特征受到教学成绩的影响。研究表明,相较于专家型教师,教龄超过5年的熟手型教师会表现出与新手教师一样在人格解体、缺乏成就感以及职业倦怠上得分较高(邵雅利,2003)。也就是说,当教师长期在教学岗位上表现平平,教师自身的自我心理将受到很大的影响,表现为无法在教学工作中找到自我价值,进而在职业发展上自我否定、自我放弃,不求进步,得过且过。因此,长教龄非绩优教师的自我接纳水平会跌回到职前的水平上。

5. 自我概念——自我的确定性

自我概念是个人心目中对自己的印象,包括对自身存在的认识,以及对个人身体能力、性格、态度、思想等方面的认识,是由一系列态度、信念和价值标准所构成的有组织的认知结构。自我概念是个体对于自己是什么样的人以及将会成为什么样的人的确定。

长教龄绩优教师在自我概念上的发展最好、最完善,同时他们的自我评价和自我控制力也是最好的。前人研究发现,自我概念可以直接显著地正向预测教师职业成熟度和职业态度(刘立达,缴润凯,2013)。然而,该研究测量的是没有从教经验的师范生的职业成熟度和职业态度,且是师范生自陈评价的结果。本研究通过对比师范生和长教龄绩优教师的自我概念和专业发展水平,从客观上验证了前人研究的结论。另外,职业发展也影响自我概念的发展,学生由于还没有进入社会,社会经历的缺乏影响他们对自我全面的认识和体会,所以他们的自我概念尚不够成熟。相对于学生群体,短教龄教师入职后自我概念各方面都有提高,但是相较于长教龄绩优教师,他们的自我概念还有发展的空间。长教龄非绩优教师具有多年的教学经验,但是教学成绩一直不突出，他们的自我概念发展难免后劲不足。有研究指出，职业倦怠程度和自我概念分数呈负相关（Rad & Nasir,2010），长教龄非绩优教师是职业倦怠程度的易感人群（邵雅利,2003），可以推测他们的自我概念会因此受到影响。

自我概念是自我评价的内容。由于大学生自我概念的不成熟，他们的自我认知存在偏差，所以他们对自己的评价往往片面、主观，自我评价相对较低。自尊和自我概念、道德自我、心理自我、社会自我呈正相关，高自尊个体更加肯定自己，对自己要求更严格，与人交往中更积极自信（张丽红,2009）。本研究结果证实，大学生群体的自尊水平和自我概念水平均较低，而长教龄绩优教师的自尊和自我概念均表现最好。

田纳西自我概念量表中有一个因子是自我批评，指的是对自己的缺点、不足的认识和看法，得分越高，表明个体认为自己的缺点、不足越多，自我形象越差。本研究结果显示，师范生的自我批评分数最高，说明师范生更容易看到自我负性的一面，这也对应了他们自我概念不够成熟，认知相对片面。然而，该指标提供的教师专业发展的信息不足，故不将该指标纳入模型的自我概念维度中。

6. 自我评价——自我的自信度

个体对自己有积极的、正确的评价，相信自己具有完成事情的能力，体现了个体自我的自信度。

研究指出，核心自我评价、自尊和一般自我效能感高度相关。核心自我评价高的个体也意味着很好的自我调整、积极的评价、自信、高效，这也代表着更高的自尊，情绪稳定性，一般自我效能感和内控性（Judge,Erez,Bono,& Thoreson,2003）。本研究中，师范生的自尊和核心自我评价显著低于其他教师组，教师组之间差异不显著。Rosenberg(1965)认为，自尊反映知觉到的现实自我与理想自我之间的差异，Marsh(1986)也指出自尊是现实的自我特征和自我评价标准之间的比较的结果。师范生自我评价低主要就是理想自我和现实之间的差距造成的。一方面，师范生在学校接受系统的教师教育，他们以较高的标准要求自己，容易理想化。另一方面，信息化时代带来全球各地大量的即时信息，无时无刻地不提醒大学生比他们优秀的人太多了，这种社会比较使他们看到了自己与他人能力的差距，再加上他们没有实际工作给予他们能力的客观的衡量和肯定，难免在心理上出现自我评价的落差。

一般自我效能感是个体对自己实现在特定领域目标的能力的自信心，是从各种长期经验中积累而成的，受到个体在各种情境下的成败经历的影响。

因而教师专业发展的成功经历提高了长教龄绩优组教师的一般自我效能感。另一方面，自我效能感也反作用于工作表现。班杜拉认为自我效能感通过影响个体的选择过程、认知过程、动机过程和情感过程作用于个体的行为，从而影响个体的行为结果。长教龄绩优教师具有较高的自我效能感，因而他们倾向于选择更有挑战性的任务，他们会为自己设定更高的职业目标（选择过程）；他们会将情景视为可实现的，以乐观的心态积极面对专业发展中的困难，愿意付出更多的努力以实现目标（认知过程）；在解决问题时付出的努力越多，持续的时间也会更长（动机过程）；即使在紧张情境下也能从容乐观地应对，自觉地降低自身担忧和焦虑程度，并寻求积极有效的行为方式来解决专业发展中的难题（情感过程）（吴莹，2014）。综上，教师的一般自我效能感水平对教育有深远的影响（朱妙仙，许璟蓓，洪松舟，2010），师范生、短教龄教师和长教龄非绩优教师的一般自我效能感较低，需要有更多的成功体验来提高自身的自我效能感。

（四）自我心理结构的理论模型和经验模型的比较

根据师范生、短教龄教师、长教龄非绩优教师和长教龄绩优教师在各自自我心理特征上的表现及其所呈现出的规律性的数据形态，总结出自我心理结构的经验模型——教师专业发展的自我心理结构由8个因素构成，分别是自我意识、自我调控、自我和谐、印象管理、自我建构、自我接纳、自我概念和自我评价。前一章研究探讨了教师专业发展的自我心理结构的理论模型——教师专业发展的自我心理结构由5个因素构成，分别是自我建构、自我概念、自我意识、社交自尊和自我接纳。将二者进行比较，发现以客观绩效分组获得的经验模型与以自陈评价获得的理论模型之间有很好的吻合，例如均指出与教师专业发展有关的自我心理结构包括自我意识、自我概念、自我接纳和自我建构。

但是，理论和经验模型除了在自我概念、自我接纳两因素上包含的内容完全一致以外，在其他因素上所包括的内容不完全一致。在理论模型中，自我意识因素不仅包括自我意识的内容，还含纳了自我监控策略的内容——心理监控策略。自我建构因素在理论模型中包括互依型自我建构、独立型自我建构和关系型自我建构等内容，而在经验模型中，四类样本被试在独立型自我建构上有差异，而在互依型自我建构上差异不显著。

除了以上提到的二者一致的这些因素以外，经验模型还包括自我调控、印象管理、自我和谐和自我评价四个因素。自我调控因素包括环境监控策略、行为监控策略、心理监控策略和自我控制等内容，与理论模型中自我意识的内容——心理监控策略有重叠。自我评价因素包括自尊、核心自我评价和一般自我效能感,理论模型中的"社交自尊"因素包含社会行为、社会焦虑、一般自我效能感等内容。从中可以看出,经验模型中的自我评价因素和理论模型中的社交自尊内容也有重叠。

以因素分析为基础,根据自陈胜任力进行多元回归得到的理论模型,给了我们关于促进教师专业发展的自我心理结构很好的启示。但是,它不能提供关于职前职后、教龄、工作表现对教师专业发展的信息。而经验模型很好地体现了这些信息。通过客观绩效分组,以四类样本被试的自我心理特征差异所表现出的数据形态构建经验模型,展现了不同发展阶段和水平的教师的自我心理特征,动态地说明自我心理结构是如何影响教师专业的发展的。因此,经验模型是对理论模型的验证和补充。

五、小　结

本研究探讨不同专业发展阶段和水平的教师的自我心理结构,开创性地调查自我心理结构与教师专业发展的关系。研究将教师人群细致地分为职前师范生、短教龄教师、长教龄非绩优教师和长教龄绩优教师,揭示教师专业发展各个阶段自我心理特征从量的变化到质的重构变化的规律。研究初步发现,长教龄绩优教师的教师胜任力最高,自我和谐程度、自我接纳水平、自我意识水平、自我评价最高,自我概念发展最完善,更加善于运用自我监控策略来提高教学质量。职前师范生,社会展现的成分比较重,自我意识强烈但弥散,所以自我和谐程度、自我接纳水平、自我评价最低,表现出自我的不成熟。相较于职前师范生,短教龄教师在自我结构的不同成分上有较大的发展,但是相较于长教龄绩优教师,除自我和谐、自我接纳等指标,其他还有待提高。长教龄非绩优教师作为熟手型教师,面对教而不优的困境,职业倦怠的影响,没有很好延续入职初期的发展势头,反而影响了自我接纳、自我意识和自我概念。

自我心理结构上的每项自我特点相互影响,不能割裂来看某项指标上个体的表现。例如,长教龄绩优教师和师范生的自我意识程度都很高,但是从整个结构来看,师范生的高自我意识是自我不成熟的表现,与他们过于内省和重视外在评价有很大的关联。相反,长教龄绩优教师的自我结构非常协调,内外和谐,独立又不失与外界的有效互动,各指标之间相辅相成。

本研究提出教师专业发展的自我心理结构的经验模型,即自我意识是自我心理结构的基础,自我调控是自我结构的功能,自我和谐、印象管理、自我建构、自我接纳、自我概念和自我评价是自我结构的六大内容,分别体现了自我结构的和谐度、社交性、独立性、开放度、确定性和自信度等六大自我特征。

本章参考文献

陈振帮.大学生社交焦虑与自我监控、自我表露的关系研究[J].社会心理科学,2011(5).

李彦章.军医大学414名学生自我和谐状况调查[J].中国学校卫生,2014(6).

林高标,林燕真.动机的自我决定理论及其对教师专业发展的启示[J].教育发展研究,2013(4).

刘立立,缴润凯.自我概念、自立人格与师范生教师职业成熟度的关系[J].心理发展与教育,2013(4).

刘丽.中小学教师胜任力的影响因素及提升策略[J].聊城大学学报(社会科学版),2009(2).

刘艳.自我建构研究的现状与展望[J].心理科学进展,2011(3).

孟繁兴.两种自我意识个体的注意偏向[D].上海:上海师范大学,2009.

冉玉霞.教师印象管理:内涵,结构与策略[J].教育科学,2009(1).

邵雅利.新手—熟手—专家:教师职业承诺与职业倦怠的研究[D].福州:福建师范大学,2003.

吴秋芬.教师专业性向与教师专业发展[J].教育研究,2008(5).

吴莹.职场排斥、一般自我效能感及工作绩效的关系研究[D].成都:西南财经大学,2014.

肖崇好.自我监控量表的探索性和验证性因素分析[J].韩山师范学院学报,2007(2).

颜雪珍,江宇,左丛现.论高校体育专业教师的教学自我监控能力和监控策略[J].北京体育大学学报,2005(10).

杨国枢,陆洛.中国人的自我:心理学的分析[M].重庆:重庆大学出版社,2009.

叶舒.大学生负面评价恐惧与自尊、自我意识的关系研究[D]成都:四川师范大学,2012.

于斌,乐国安,刘惠军.工作记忆能力与自我调控[J].心理科学进展,2014(5).

于鸿雁,高雁,卢国君,成玉飞.教师专业发展的影响因素分析及策略研究[J].教学与管理(理论版),2010(10).

张丽红.大学生自我评价特点及自尊水平与心理健康关系的研究[D].长

春：东北师范大学,2009.

张良才,李润洲.论教师权威的现代转型[J].教育研究,2004(11).

张民选.专业知识显性化与教师专业发展[J].教育研究,2002(1).

张娜,申继亮.小学教师专业发展能动性差异特点分析[J].教育研究与实验,2012(3).

赵飞飞,石国兴,周克.中小学教师工作满意度与自我和谐的关系研究[J].中国健康心理学杂志,2012(9).

朱妙仙,许璟蓓,洪松舟.小学青年教师一般自我效能感与人格特质的关系研究[J].教育研究与评论：小学教育教学,2010(3).

朱旭东.论教师专业发展的理论模型建构[J].教育研究,2014(6).

Baumeister, R. F., Vohs, K. D. & Tice, D. M. The strength model of self-control[J]. *Current Directions in Psychological Science*, 2007, 16(6).

Butler, E. A., Egloff, B., Wihelm, F. H., Smith, N. C., Erickson, E. A. & Gross, J. J. The social consequences of expressive suppression[J]. *Emotion*, 2003, 3(1).

Marsh, H. W. Global self-esteem: Its relation to specific facets of self-concept and their importance[J]. *Journal of Personality and Social Psychology*, 1986, 51(6).

Judge, T. A., Erez, A., Bono, J. E. & Thoreson, C. J. The core self-evaluations scale: Development of a measure[J]. *Personnel Psychology*, 2003, 56(2).

Rad, A. Z. & Nasir, R. Burnout and career self-concept among teachers in Mashhad, Iran[J]. *Procedia-Social and Behavioral Sciences*, 2010, 7.

Rosenberg, M. Rosenberg self-esteem scale (RSE)[DB]. Acceptance and Commitment Therapy. Measures package 61, 1965.

Snyder, M. Self-monitoring of expressive behavior[J]. Journal of Personality and Social Psychology, 1974, 30(4).

附录 4-1　教师胜任力及子胜任特征的事后比较结果

因变量	(I)类别	(J)类别	均值差(I－J)	标准误	显著性
胜任力量表	长教龄非绩优组	长教龄绩优组	－12.814*	4.676	0.006
		短教龄组	－1.095	3.752	0.771
		学生	－1.882	2.824	0.506
	长教龄绩优组	长教龄非绩优组	12.814*	4.676	0.006
		短教龄组	11.719*	4.834	0.016
		学生	10.932*	4.156	0.009
	短教龄组	长教龄非绩优组	1.095	3.752	0.771
		长教龄绩优组	－11.719*	4.834	0.016
		学生	－0.787	3.079	0.798
	学生	长教龄非绩优组	1.882	2.824	0.506
		长教龄绩优组	－10.932*	4.156	0.009
		短教龄组	0.787	3.079	0.798
个人特质	长教龄非绩优组	长教龄绩优组	－2.682*	1.089	0.014
		短教龄组	0.515	0.873	0.556
		学生	－1.453*	0.657	0.028
	长教龄绩优组	长教龄非绩优组	2.682*	1.089	0.014
		短教龄组	3.197*	1.125	0.005
		学生	1.229	0.967	0.205
	短教龄组	长教龄非绩优组	－0.515	0.873	0.556
		长教龄绩优组	－3.197*	1.125	0.005
		学生	－1.968*	0.717	0.006
	学生	长教龄非绩优组	1.453*	0.657	0.028
		长教龄绩优组	－1.229	0.967	0.205
		短教龄组	1.968*	0.717	0.006
关注学生	长教龄非绩优组	长教龄绩优组	－1.488	0.774	0.055
		短教龄组	0.143	0.621	0.818
		学生	0.473	0.467	0.312

续表

因变量	(I)类别	(J)类别	均值差(I−J)	标准误	显著性
关注学生	长教龄绩优组	长教龄非绩优组	1.488	0.774	0.055
		短教龄组	1.630*	0.8	0.042
		学生	1.960*	0.688	0.005
	短教龄组	长教龄非绩优组	−0.143	0.621	0.818
		长教龄绩优组	−1.630*	0.8	0.042
		学生	0.33	0.509	0.518
	学生	长教龄非绩优组	−0.473	0.467	0.312
		长教龄绩优组	−1.960*	0.688	0.005
		短教龄组	−0.33	0.509	0.518
专业素养	长教龄非绩优组	长教龄绩优组	−1.987*	0.609	0.001
		短教龄组	0.404	0.488	0.408
		学生	0.128	0.368	0.728
	长教龄绩优组	长教龄非绩优组	1.987*	0.609	0.001
		短教龄组	2.391*	0.629	0
		学生	2.115*	0.541	0
	短教龄组	长教龄非绩优组	−0.404	0.488	0.408
		长教龄绩优组	−2.391*	0.629	0
		学生	−0.276	0.401	0.491
	学生	长教龄非绩优组	−0.128	0.368	0.728
		长教龄绩优组	−2.115*	0.541	0
		短教龄组	0.276	0.401	0.491
人际沟通	长教龄非绩优组	长教龄绩优组	−1.441*	0.652	0.028
		短教龄组	−0.528	0.523	0.314
		学生	0.577	0.394	0.144
	长教龄绩优组	长教龄非绩优组	1.441*	0.652	0.028
		短教龄组	0.913	0.674	0.177
		学生	2.017*	0.58	0.001
	短教龄组	长教龄非绩优组	0.528	0.523	0.314
		长教龄绩优组	−0.913	0.674	0.177
		学生	1.104*	0.429	0.011

续表

因变量	(I)类别	(J)类别	均值差(I-J)	标准误	显著性
人际沟通	学生	长教龄非绩优组	-0.577	0.394	0.144
		长教龄绩优组	-2.017*	0.58	0.001
		短教龄组	-1.104*	0.429	0.011
建立关系	长教龄非绩优组	长教龄绩优组	-1.799*	0.724	0.013
		短教龄组	-0.343	0.581	0.556
		学生	-0.282	0.437	0.52
	长教龄绩优组	长教龄非绩优组	1.799*	0.724	0.013
		短教龄组	1.457	0.749	0.053
		学生	1.517*	0.644	0.019
	短教龄组	长教龄非绩优组	0.343	0.581	0.556
		长教龄绩优组	-1.457	0.749	0.053
		学生	0.061	0.477	0.899
	学生	长教龄非绩优组	0.282	0.437	0.52
		长教龄绩优组	-1.517*	0.644	0.019
		短教龄组	-0.061	0.477	0.899
职业偏好	长教龄非绩优组	长教龄绩优组	-1.404*	0.434	0.001
		短教龄组	-0.273	0.348	0.433
		学生	-0.552*	0.262	0.036
	长教龄绩优组	长教龄非绩优组	1.404*	0.434	0.001
		短教龄组	1.130*	0.449	0.012
		学生	0.852*	0.386	0.028
	短教龄组	长教龄非绩优组	0.273	0.348	0.433
		长教龄绩优组	-1.130*	0.449	0.012
		学生	-0.279	0.286	0.33
	学生	长教龄非绩优组	0.552*	0.262	0.036
		长教龄绩优组	-0.852*	0.386	0.028
		短教龄组	0.279	0.286	0.33

注：*表示均值差的显著性水平为0.05。

附录 4-2 以类别为自变量的单因素方差结果

	F	Sig.	偏 Eta 方		F	Sig.	偏 Eta 方
森伯格自尊量表	14.580	0.000	0.116	外向	0.727	0.537	0.006
得克萨斯社会行为问卷 A	0.983	0.401	0.009	他人导向	7.253	0.000	0.061
得克萨斯社会行为问卷 B	0.268	0.848	0.002	自我监控量表	9.533	0.000	0.079
得克萨斯社会行为问卷	0.489	0.690	0.004	私我	1.206	0.308	0.011
核心自我评价量表	6.881	0.000	0.058	公我	3.986	0.008	0.035
一般自我效能感量表	2.021	0.111	0.018	社会焦虑	7.527	0.000	0.063
对肯定自我认知的自我接纳	4.691	0.003	0.040	自我意识量表	5.464	0.001	0.047
对否定自我认知的自我接纳	6.120	0.000	0.052	内向性自我意识量表	4.057	0.007	0.035
对肯定自我认知的自我排斥	4.948	0.002	0.043	外向性自我意识量表	9.002	0.000	0.075
对否定自我认知的自我排斥	0.275	0.844	0.002	独立型	2.732	0.044	0.024
自我接纳量表	4.766	0.003	0.041	依赖型	0.455	0.714	0.004
自我与经验的不和谐	7.686	0.000	0.065	自我建构量表	1.905	0.129	0.017
自我的灵活性	1.563	0.198	0.014	关系型自我建构量表	2.595	0.052	0.023
自我的刻板性	1.868	0.135	0.016	简明负面评价恐惧量表	7.562	0.000	0.064
自我和谐量表	5.545	0.001	0.047	生理自我	2.151	0.094	0.019
自我控制量表	5.298	0.001	0.045	道德自我	13.298	0.000	0.107
心理监控	2.745	0.043	0.024	心理自我	5.156	0.002	0.044
行为监控	2.527	0.057	0.022	家庭自我	4.083	0.007	0.035
环境监控	3.375	0.019	0.029	社会自我	2.765	0.042	0.024
自我监控策略量表	3.554	0.015	0.031	自我批评	4.659	0.003	0.040
表演	12.267	0.000	0.099	田纳西自我概念量表	5.476	0.001	0.047

附录 4-3 不同类别之间的事后比较结果

因变量	(I)类别	(J)类别	均值差(I-J)	标准误	显著性
罗森伯格自尊量表	长教龄非绩优组	长教龄绩优组	-2.197	1.129	0.052
		短教龄组	-0.943	0.906	0.299
		学生	2.498*	0.682	0
	长教龄绩优组	长教龄非绩优组	2.197	1.129	0.052
		短教龄组	1.255	1.167	0.283
		学生	4.695*	1.003	0
	短教龄组	长教龄非绩优组	0.943	0.906	0.299
		长教龄绩优组	-1.255	1.167	0.283
		学生	3.441*	0.743	0
	学生	长教龄非绩优组	-2.498*	0.682	0
		长教龄绩优组	-4.695*	1.003	0
		短教龄组	-3.441*	0.743	0
核心自我评价量表	长教龄非绩优组	长教龄绩优组	-3.264*	1.565	0.038
		短教龄组	-0.916	1.256	0.466
		学生	1.946*	0.945	0.04
	长教龄绩优组	长教龄非绩优组	3.264*	1.565	0.038
		短教龄组	2.348	1.618	0.148
		学生	5.210*	1.391	0
	短教龄组	长教龄非绩优组	0.916	1.256	0.466
		长教龄绩优组	-2.348	1.618	0.148
		学生	2.862*	1.03	0.006
	学生	长教龄非绩优组	-1.946*	0.945	0.04
		长教龄绩优组	-5.210*	1.391	0
		短教龄组	-2.862*	1.03	0.006
一般自我效能感量表	长教龄非绩优组	长教龄绩优组	-3.005*	1.263	0.018
		短教龄组	-0.265	1.013	0.794
		学生	-0.677	0.763	0.375
	长教龄绩优组	长教龄非绩优组	3.005*	1.263	0.018
		短教龄组	2.739*	1.306	0.037
		学生	2.327*	1.122	0.039

续表

因变量	(I)类别	(J)类别	均值差(I-J)	标准误	显著性
一般自我效能感量表	短教龄组	长教龄非绩优组	0.265	1.013	0.794
		长教龄绩优组	-2.739*	1.306	0.037
		学生	-0.412	0.832	0.621
	学生	长教龄非绩优组	0.677	0.763	0.375
		长教龄绩优组	-2.327*	1.122	0.039
		短教龄组	0.412	0.832	0.621
对肯定自我认知的自我接纳	长教龄非绩优组	长教龄绩优组	-0.7	0.484	0.149
		短教龄组	-0.896*	0.389	0.022
		学生	0.181	0.293	0.536
	长教龄绩优组	长教龄非绩优组	0.7	0.484	0.149
		短教龄组	-0.196	0.501	0.696
		学生	0.881*	0.43	0.041
	短教龄组	长教龄非绩优组	0.896*	0.389	0.022
		长教龄绩优组	0.196	0.501	0.696
		学生	1.077*	0.319	0.001
	学生	长教龄非绩优组	-0.181	0.293	0.536
		长教龄绩优组	-0.881*	0.43	0.041
		短教龄组	-1.077*	0.319	0.001
对否定自我认知的自我接纳	长教龄非绩优组	长教龄绩优组	-1.430*	0.527	0.007
		短教龄组	-0.8	0.422	0.059
		学生	0.206	0.318	0.518
	长教龄绩优组	长教龄非绩优组	1.430*	0.527	0.007
		短教龄组	0.63	0.544	0.248
		学生	1.636*	0.468	0.001
	短教龄组	长教龄非绩优组	0.8	0.422	0.059
		长教龄绩优组	-0.63	0.544	0.248
		学生	1.005*	0.347	0.004
	学生	长教龄非绩优组	-0.206	0.318	0.518
		长教龄绩优组	-1.636*	0.468	0.001
		短教龄组	-1.005*	0.347	0.004

续表

因变量	(I)类别	(J)类别	均值差(I－J)	标准误	显著性
对肯定自我认知的自我排斥	长教龄非绩优组	长教龄绩优组	－1.101	0.668	0.1
		短教龄组	－1.254*	0.536	0.02
		学生	0.234	0.403	0.562
	长教龄绩优组	长教龄非绩优组	1.101	0.668	0.1
		短教龄组	－0.152	0.691	0.826
		学生	1.336*	0.594	0.025
	短教龄组	长教龄非绩优组	1.254*	0.536	0.02
		长教龄绩优组	0.152	0.691	0.826
		学生	1.488*	0.44	0.001
	学生	长教龄非绩优组	－0.234	0.403	0.562
		长教龄绩优组	－1.336*	0.594	0.025
		短教龄组	－1.488*	0.44	0.001
自我接纳量表	长教龄非绩优组	长教龄绩优组	－3.882*	1.904	0.042
		短教龄组	－3.078*	1.527	0.045
		学生	0.657	1.15	0.568
	长教龄绩优组	长教龄非绩优组	3.882*	1.904	0.042
		短教龄组	0.804	1.968	0.683
		学生	4.539*	1.692	0.008
	短教龄组	长教龄非绩优组	3.078*	1.527	0.045
		长教龄绩优组	－0.804	1.968	0.683
		学生	3.735*	1.253	0.003
	学生	长教龄非绩优组	－0.657	1.15	0.568
		长教龄绩优组	－4.539*	1.692	0.008
		短教龄组	－3.735*	1.253	0.003
自我与经验的不和谐	长教龄非绩优组	长教龄绩优组	－0.58	2.192	0.791
		短教龄组	－0.061	1.758	0.972
		学生	4.656*	1.324	0
	长教龄绩优组	长教龄非绩优组	0.58	2.192	0.791
		短教龄组	0.519	2.266	0.819
		学生	5.236*	1.948	0.008

续表

因变量	(I)类别	(J)类别	均值差(I-J)	标准误	显著性
自我与经验的不和谐	短教龄组	长教龄非绩优组	0.061	1.758	0.972
		长教龄绩优组	-0.519	2.266	0.819
		学生	4.717*	1.443	0.001
	学生	长教龄非绩优组	-4.656*	1.324	0
		长教龄绩优组	-5.236*	1.948	0.008
		短教龄组	-4.717*	1.443	0.001
自我和谐量表	长教龄非绩优组	长教龄绩优组	-2.761	3.322	0.406
		短教龄组	-2.894	2.665	0.278
		学生	4.343*	2.006	0.031
	长教龄绩优组	长教龄非绩优组	2.761	3.322	0.406
		短教龄组	-0.133	3.434	0.969
		学生	7.104*	2.952	0.017
	短教龄组	长教龄非绩优组	2.894	2.665	0.278
		长教龄绩优组	0.133	3.434	0.969
		学生	7.237*	2.187	0.001
	学生	长教龄非绩优组	-4.343*	2.006	0.031
		长教龄绩优组	-7.104*	2.952	0.017
		短教龄组	-7.237*	2.187	0.001
自我控制量表	长教龄非绩优组	长教龄绩优组	-3.051	1.708	0.075
		短教龄组	-1.203	1.371	0.381
		学生	1.769	1.032	0.087
	长教龄绩优组	长教龄非绩优组	3.051	1.708	0.075
		短教龄组	1.848	1.766	0.296
		学生	4.821*	1.518	0.002
	短教龄组	长教龄非绩优组	1.203	1.371	0.381
		长教龄绩优组	-1.848	1.766	0.296
		学生	2.973*	1.125	0.009
	学生	长教龄非绩优组	-1.769	1.032	0.087
		长教龄绩优组	-4.821*	1.518	0.002
		短教龄组	-2.973*	1.125	0.009

续表

因变量	(I)类别	(J)类别	均值差(I-J)	标准误	显著性
心理监控	长教龄非绩优组	长教龄绩优组	-1.44	0.795	0.071
		短教龄组	0.58	0.638	0.364
		学生	0.483	0.48	0.315
	长教龄绩优组	长教龄非绩优组	1.44	0.795	0.071
		短教龄组	2.020*	0.822	0.015
		学生	1.923*	0.707	0.007
	短教龄组	长教龄非绩优组	-0.58	0.638	0.364
		长教龄绩优组	-2.020*	0.822	0.015
		学生	-0.097	0.524	0.853
	学生	长教龄非绩优组	-0.483	0.48	0.315
		长教龄绩优组	-1.923*	0.707	0.007
		短教龄组	0.097	0.524	0.853
行为监控	长教龄非绩优组	长教龄绩优组	-0.821	0.653	0.21
		短教龄组	0.375	0.524	0.475
		学生	0.614	0.395	0.121
	长教龄绩优组	长教龄非绩优组	0.821	0.653	0.21
		短教龄组	1.196	0.675	0.078
		学生	1.435*	0.581	0.014
	短教龄组	长教龄非绩优组	-0.375	0.524	0.475
		长教龄绩优组	-1.196	0.675	0.078
		学生	0.239	0.43	0.579
	学生	长教龄非绩优组	-0.614	0.395	0.121
		长教龄绩优组	-1.435*	0.581	0.014
		短教龄组	-0.239	0.43	0.579
环境监控	长教龄非绩优组	长教龄绩优组	-1.880*	0.67	0.005
		短教龄组	-0.641	0.537	0.234
		学生	-0.124	0.405	0.759
	长教龄绩优组	长教龄非绩优组	1.880*	0.67	0.005
		短教龄组	1.239	0.693	0.074
		学生	1.756*	0.595	0.003

续表

因变量	(I)类别	(J)类别	均值差(I−J)	标准误	显著性
环境监控	短教龄组	长教龄非绩优组	0.641	0.537	0.234
		长教龄绩优组	−1.239	0.693	0.074
		学生	0.517	0.441	0.242
	学生	长教龄非绩优组	0.124	0.405	0.759
		长教龄绩优组	−1.756*	0.595	0.003
		短教龄组	−0.517	0.441	0.242
自我监控策略量表	长教龄非绩优组	长教龄绩优组	−4.141*	1.779	0.021
		短教龄组	0.314	1.427	0.826
		学生	0.973	1.074	0.366
	长教龄绩优组	长教龄非绩优组	4.141*	1.779	0.021
		短教龄组	4.455*	1.839	0.016
		学生	5.114*	1.581	0.001
	短教龄组	长教龄非绩优组	−0.314	1.427	0.826
		长教龄绩优组	−4.455*	1.839	0.016
		学生	0.659	1.171	0.574
	学生	长教龄非绩优组	−0.973	1.074	0.366
		长教龄绩优组	−5.114*	1.581	0.001
		短教龄组	−0.659	1.171	0.574
表演	长教龄非绩优组	长教龄绩优组	0.738	0.959	0.442
		短教龄组	−0.31	0.769	0.687
		学生	−2.586*	0.579	0
	长教龄绩优组	长教龄非绩优组	−0.738	0.959	0.442
		短教龄组	−1.048	0.991	0.291
		学生	−3.323*	0.852	0
	短教龄组	长教龄非绩优组	0.31	0.769	0.687
		长教龄绩优组	1.048	0.991	0.291
		学生	−2.276*	0.631	0
	学生	长教龄非绩优组	2.586*	0.579	0
		长教龄绩优组	3.323*	0.852	0
		短教龄组	2.276*	0.631	0

续表

因变量	(I)类别	(J)类别	均值差(I-J)	标准误	显著性
他人导向	长教龄非绩优组	长教龄绩优组	0.467	0.979	0.634
		短教龄组	-0.431	0.786	0.584
		学生	-2.113*	0.592	0
	长教龄绩优组	长教龄非绩优组	-0.467	0.979	0.634
		短教龄组	-0.897	1.013	0.376
		学生	-2.580*	0.87	0.003
	短教龄组	长教龄非绩优组	0.431	0.786	0.584
		长教龄绩优组	0.897	1.013	0.376
		学生	-1.682*	0.645	0.009
	学生	长教龄非绩优组	2.113*	0.592	0
		长教龄绩优组	2.580*	0.87	0.003
		短教龄组	1.682*	0.645	0.009
自我监控量表	长教龄非绩优组	长教龄绩优组	0.623	2.143	0.771
		短教龄组	-0.335	1.72	0.846
		学生	-5.211*	1.294	0
	长教龄绩优组	长教龄非绩优组	-0.623	2.143	0.771
		短教龄组	-0.958	2.216	0.666
		学生	-5.834*	1.905	0.002
	短教龄组	长教龄非绩优组	0.335	1.72	0.846
		长教龄绩优组	0.958	2.216	0.666
		学生	-4.875*	1.411	0.001
	学生	长教龄非绩优组	5.211*	1.294	0
		长教龄绩优组	5.834*	1.905	0.002
		短教龄组	4.875*	1.411	0.001
公我	长教龄非绩优组	长教龄绩优组	-2.053*	0.959	0.033
		短教龄组	-0.825	0.769	0.284
		学生	-1.853*	0.579	0.002
	长教龄绩优组	长教龄非绩优组	2.053*	0.959	0.033
		短教龄组	1.229	0.991	0.216
		学生	0.201	0.852	0.814

续表

因变量	(I)类别	(J)类别	均值差(I-J)	标准误	显著性
公我	短教龄组	长教龄非绩优组	0.825	0.769	0.284
		长教龄绩优组	-1.229	0.991	0.216
		学生	-1.028	0.631	0.104
	学生	长教龄非绩优组	1.853*	0.579	0.002
		长教龄绩优组	-0.201	0.852	0.814
		短教龄组	1.028	0.631	0.104
社会焦虑	长教龄非绩优组	长教龄绩优组	1.16	0.902	0.199
		短教龄组	-0.268	0.724	0.712
		学生	-1.730*	0.545	0.002
	长教龄绩优组	长教龄非绩优组	-1.16	0.902	0.199
		短教龄组	-1.428	0.933	0.127
		学生	-2.890*	0.802	0
	短教龄组	长教龄非绩优组	0.268	0.724	0.712
		长教龄绩优组	1.428	0.933	0.127
		学生	-1.462*	0.594	0.014
	学生	长教龄非绩优组	1.730*	0.545	0.002
		长教龄绩优组	2.890*	0.802	0
		短教龄组	1.462*	0.594	0.014
自我意识量表	长教龄非绩优组	长教龄绩优组	-2.023	2.126	0.342
		短教龄组	-1.124	1.706	0.51
		学生	-4.575*	1.284	0
	长教龄绩优组	长教龄非绩优组	2.023	2.126	0.342
		短教龄组	0.899	2.198	0.683
		学生	-2.552	1.889	0.178
	短教龄组	长教龄非绩优组	1.124	1.706	0.51
		长教龄绩优组	-0.899	2.198	0.683
		学生	-3.451*	1.4	0.014
	学生	长教龄非绩优组	4.575*	1.284	0
		长教龄绩优组	2.552	1.889	0.178
		短教龄组	3.451*	1.4	0.014

续表

因变量	(I)类别	(J)类别	均值差(I−J)	标准误	显著性
内向性自我意识量表	长教龄非绩优组	长教龄绩优组	−2.036	1.238	0.101
		短教龄组	0.768	0.993	0.44
		学生	−1.618*	0.748	0.031
	长教龄绩优组	长教龄非绩优组	2.036	1.238	0.101
		短教龄组	2.804*	1.28	0.029
		学生	0.418	1.1	0.704
	短教龄组	长教龄非绩优组	−0.768	0.993	0.44
		长教龄绩优组	−2.804*	1.28	0.029
		学生	−2.387*	0.815	0.004
	学生	长教龄非绩优组	1.618*	0.748	0.031
		长教龄绩优组	−0.418	1.1	0.704
		短教龄组	2.387*	0.815	0.004
外向性自我意识量表	长教龄非绩优组	长教龄绩优组	−3.035*	0.899	0.001
		短教龄组	−0.883	0.721	0.222
		学生	−2.493*	0.543	0
	长教龄绩优组	长教龄非绩优组	3.035*	0.899	0.001
		短教龄组	2.152*	0.929	0.021
		学生	0.542	0.799	0.497
	短教龄组	长教龄非绩优组	0.883	0.721	0.222
		长教龄绩优组	−2.152*	0.929	0.021
		学生	−1.610*	0.592	0.007
	学生	长教龄非绩优组	2.493*	0.543	0
		长教龄绩优组	−0.542	0.799	0.497
		短教龄组	1.610*	0.592	0.007
独立型	长教龄非绩优组	长教龄绩优组	−3.470*	1.259	0.006
		短教龄组	−0.354	1.01	0.727
		学生	−0.977	0.761	0.2
	长教龄绩优组	长教龄非绩优组	3.470*	1.259	0.006
		短教龄组	3.116*	1.302	0.017
		学生	2.493*	1.119	0.027

续表

因变量	(I)类别	(J)类别	均值差(I-J)	标准误	显著性
独立型	短教龄组	长教龄非绩优组	0.354	1.01	0.727
		长教龄绩优组	-3.116*	1.302	0.017
		学生	-0.623	0.829	0.453
	学生	长教龄非绩优组	0.977	0.761	0.2
		长教龄绩优组	-2.493*	1.119	0.027
		短教龄组	0.623	0.829	0.453
自我建构量表	长教龄非绩优组	长教龄绩优组	-4.858*	2.122	0.023
		短教龄组	-0.315	1.702	0.853
		学生	-1.102	1.282	0.39
	长教龄绩优组	长教龄非绩优组	4.858*	2.122	0.023
		短教龄组	4.543*	2.194	0.039
		学生	3.756*	1.886	0.047
	短教龄组	长教龄非绩优组	0.315	1.702	0.853
		长教龄绩优组	-4.543*	2.194	0.039
		学生	-0.787	1.397	0.574
	学生	长教龄非绩优组	1.102	1.282	0.39
		长教龄绩优组	-3.756*	1.886	0.047
		短教龄组	0.787	1.397	0.574
关系型自我建构量表	长教龄非绩优组	长教龄绩优组	-1.314	1.11	0.238
		短教龄组	-0.781	0.891	0.381
		学生	-1.779*	0.671	0.008
	长教龄绩优组	长教龄非绩优组	1.314	1.11	0.238
		短教龄组	0.532	1.148	0.643
		学生	-0.466	0.987	0.637
	短教龄组	长教龄非绩优组	0.781	0.891	0.381
		长教龄绩优组	-0.532	1.148	0.643
		学生	-0.998	0.731	0.173
	学生	长教龄非绩优组	1.779*	0.671	0.008
		长教龄绩优组	0.466	0.987	0.637
		短教龄组	0.998	0.731	0.173

续表

因变量	(I)类别	(J)类别	均值差(I－J)	标准误	显著性
简明负面评价恐惧量表	长教龄非绩优组	长教龄绩优组	0.314	1.92	0.87
		短教龄组	－1.898	1.541	0.219
		学生	－4.619*	1.16	0
	长教龄绩优组	长教龄非绩优组	－0.314	1.92	0.87
		短教龄组	－2.212	1.985	0.266
		学生	－4.933*	1.707	0.004
	短教龄组	长教龄非绩优组	1.898	1.541	0.219
		长教龄绩优组	2.212	1.985	0.266
		学生	－2.721*	1.265	0.032
	学生	长教龄非绩优组	4.619*	1.16	0
		长教龄绩优组	4.933*	1.707	0.004
		短教龄组	2.721*	1.265	0.032
生理自我	长教龄非绩优组	长教龄绩优组	－3.024	1.613	0.062
		短教龄组	－0.838	1.294	0.518
		学生	0.401	0.974	0.681
	长教龄绩优组	长教龄非绩优组	3.024	1.613	0.062
		短教龄组	2.187	1.667	0.191
		学生	3.425*	1.433	0.017
	短教龄组	长教龄非绩优组	0.838	1.294	0.518
		长教龄绩优组	－2.187	1.667	0.191
		学生	1.238	1.062	0.244
	学生	长教龄非绩优组	－0.401	0.974	0.681
		长教龄绩优组	－3.425*	1.433	0.017
		短教龄组	－1.238	1.062	0.244
道德自我	长教龄非绩优组	长教龄绩优组	－3.540*	1.416	0.013
		短教龄组	－1.126	1.136	0.323
		学生	2.682*	0.855	0.002
	长教龄绩优组	长教龄非绩优组	3.540*	1.416	0.013
		短教龄组	2.414	1.464	0.1
		学生	6.223*	1.258	0

续表

因变量	(I)类别	(J)类别	均值差(I-J)	标准误	显著性
道德自我	短教龄组	长教龄非绩优组	1.126	1.136	0.323
		长教龄绩优组	-2.414	1.464	0.1
		学生	3.808*	0.932	0
	学生	长教龄非绩优组	-2.682*	0.855	0.002
		长教龄绩优组	-6.223*	1.258	0
		短教龄组	-3.808*	0.932	0
心理自我	长教龄非绩优组	长教龄绩优组	-4.104*	1.407	0.004
		短教龄组	-1.182	1.129	0.296
		学生	0.509	0.85	0.55
	长教龄绩优组	长教龄非绩优组	4.104*	1.407	0.004
		短教龄组	2.922*	1.454	0.045
		学生	4.613*	1.25	0
	短教龄组	长教龄非绩优组	1.182	1.129	0.296
		长教龄绩优组	-2.922*	1.454	0.045
		学生	1.691	0.926	0.069
	学生	长教龄非绩优组	-0.509	0.85	0.55
		长教龄绩优组	-4.613*	1.25	0
		短教龄组	-1.691	0.926	0.069
家庭自我	长教龄非绩优组	长教龄绩优组	-2.857	1.536	0.064
		短教龄组	-1.105	1.233	0.371
		学生	1.142	0.928	0.219
	长教龄绩优组	长教龄非绩优组	2.857	1.536	0.064
		短教龄组	1.752	1.588	0.271
		学生	3.999*	1.365	0.004
	短教龄组	长教龄非绩优组	1.105	1.233	0.371
		长教龄绩优组	-1.752	1.588	0.271
		学生	2.247*	1.012	0.027
	学生	长教龄非绩优组	-1.142	0.928	0.219
		长教龄绩优组	-3.999*	1.365	0.004
		短教龄组	-2.247*	1.012	0.027

续表

因变量	(I)类别	(J)类别	均值差(I−J)	标准误	显著性
社会自我	长教龄非绩优组	长教龄绩优组	−2.094	1.432	0.145
		短教龄组	−0.248	1.149	0.829
		学生	1.13	0.865	0.192
	长教龄绩优组	长教龄非绩优组	2.094	1.432	0.145
		短教龄组	1.846	1.48	0.213
		学生	3.224*	1.272	0.012
	短教龄组	长教龄非绩优组	0.248	1.149	0.829
		长教龄绩优组	−1.846	1.48	0.213
		学生	1.379	0.943	0.145
	学生	长教龄非绩优组	−1.13	0.865	0.192
		长教龄绩优组	−3.224*	1.272	0.012
		短教龄组	−1.379	0.943	0.145
自我批评	长教龄非绩优组	长教龄绩优组	−1.845	1.292	0.154
		短教龄组	−0.469	1.036	0.651
		学生	−2.540*	0.78	0.001
	长教龄绩优组	长教龄非绩优组	1.845	1.292	0.154
		短教龄组	1.376	1.335	0.304
		学生	−0.695	1.148	0.545
	短教龄组	长教龄非绩优组	0.469	1.036	0.651
		长教龄绩优组	−1.376	1.335	0.304
		学生	−2.071*	0.85	0.015
	学生	长教龄非绩优组	2.540*	0.78	0.001
		长教龄绩优组	0.695	1.148	0.545
		短教龄组	2.071*	0.85	0.015
田纳西自我概念量表	长教龄非绩优组	长教龄绩优组	−17.464*	6.105	0.004
		短教龄组	−4.967	4.898	0.311
		学生	2.98	3.687	0.42
	长教龄绩优组	长教龄非绩优组	17.464*	6.105	0.004
		短教龄组	12.496*	6.311	0.049
		学生	20.444*	5.425	0

续表

因变量	(I)类别	(J)类别	均值差(I−J)	标准误	显著性
田纳西自我概念量表	短教龄组	长教龄非绩优组	4.967	4.898	0.311
		长教龄绩优组	−12.496*	6.311	0.049
		学生	7.948*	4.02	0.049
	学生	长教龄非绩优组	−2.98	3.687	0.42
		长教龄绩优组	−20.444*	5.425	0
		短教龄组	−7.948*	4.02	0.049

注：*表示显著性达到 0.05。

第五章 教师专业发展的自我心理结构图谱

一、引　言

前文根据师范生、短教龄教师、长教龄非绩优教师和长教龄绩优教师分别在自我心理特征上的表现，得出了教师专业发展的自我心理结构的经验模型。该模型中自我意识是自我心理结构的基础，自我调控是自我心理结构的运行功能，自我和谐、印象管理、自我建构、自我接纳、自我概念和自我评价是自我心理结构的六大内容，对应体现了自我心理结构的和谐度、社交性、独立性、开放性、确定性和自信度等六大自我特征。为了使这一经验模型更为直观，研究者拟将各类受测教师人群的表现绘制成图谱。同时，随机抽取所采样人群中的数据对该模型进行验证和说明。

二、方　法

经验模型中，自我心理结构由8个维度构成，分别是：① 自我意识，包括外向性自我意识、公我、内向性自我意识等3个自我心理特征；② 自我调控，包括心理监控策略、行为监控策略、环境监控策略、自我控制等4个自我心理特征；③ 自我和谐，包含自我与经验的不和谐（反向计分）1个自我心理特征；④ 印象管理，包括表演、他人导向、社会焦虑、负面评价恐惧等4个自我心理特征；⑤ 自我建构，包含独立型自我建构1个自我心理特征；⑥ 自我接纳，包括对肯定自我认知的自我接纳、对肯定自我认知的自我排斥（反向计分）、对否定自我认知的自我接纳等3个自我心理特征；⑦ 自我概念，包括生理自我概念、道德自我概念、心理自我概念、家庭自我概念、社会自我概念等5个自我心理特征；⑧ 自我评价，包括自尊、核心自我评价、一般自我效能感等3个自我心理特征。研究通过计算自我心理特征的特征分得到相应的维度分值。由于测量每个自我心理特征的量表满分不同，不能将特征分值直接相加计算，所以对分数进行了转换：用每个特征分数占各自量表满分的百分数作为转换后的特征分，因而维度分为该维度所包含的转换后的特征分的平均数，公式如下：

$$D = \sum \frac{\left(\frac{t_1}{T_1} \times 100 + \frac{t_2}{T_2} \times 100 + \cdots + \frac{t_n}{T_n} \times 100\right)}{n}$$

D：所要计算的某个维度分；
T：表示该维度中某个自我心理特征的量表满分；
t：表示个体在该维度的某个自我心理特征量表上的得分；
n：表示该维度所包含的自我心理特征的数量。

根据每组在各维度上的分数绘制每组教师的自我心理结构图谱。另外，从每个教师类别中随机抽取 1 名个案分数，用上述方法绘制他们的自我心理结构图谱。

三、教师专业发展的自我心理结构图谱

表 5-1 四类教师人群在自我心理结构各维度上的分值

	自我意识	自我调控	印象管理	自我建构	自我接纳	自我和谐	自我概念	自我评价
师范生	75.64	73.24	65.16	70.93	84.52	65.74	79.33	73.97
短教龄教师	71.53	75.04	60.32	69.88	90.48	71.64	82.79	77.59
长教龄非绩优教师	70.42	74.88	58.85	69.30	85.55	71.56	81.28	76.27
长教龄绩优教师	76.62	80.20	57.00	75.08	90.93	72.29	86.49	81.55

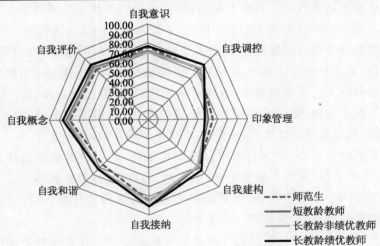

注：0—100 表示从内圈依次到外圈上的维度分值。

图 5-1 教师专业发展的自我心理结构图谱

长教龄绩优教师在自我意识、自我调控、自我建构、自我接纳、自我和谐、自我概念和自我评价上的分值最高，在印象管理上的分值最低。虽然高印象管理者有较好的社会觉知和敏感性，使得他们与不同的社会情境的互动非常有效。但是，高印象管理者被称为自我本位的机会主义者，就像变色龙一样随着环境改变着自身和自己的观点，缺乏原则性，社交性质浓厚，缺乏内在管理和提升。这正是教师行业需要避免的。另外，长教龄绩优教师在自我心理结构其他维度上的表现提示，教师们要成为一名优秀的教师，需要有较高的自我意识，这是教师职业发展的基础。诚如希腊阿波罗神庙门楣上的那句"认识你自己"的箴言所示，认识自己并非易事，但是能够做到正确而全面地认识自己就会拥有实现目标的力量。长教龄绩优教师显然在这方面做得很好，他们的自我是和谐的，可以无条件地接纳自己的优点和缺点，能够客观地面对它们，不卑不亢。他们独立自主，在不断地探索和经验积累中形成自己独特的一套教学系统和风格，目标明确且追求做得更好。而使自我心理结构的各部分可以协调发展则归功于长教龄绩优教师能够有效地运用自我调控。调控就是以目标为导向，排除无关的干扰，一切服务于目标。

师范生自我意识水平与长教龄绩优教师接近，但是正如前面一章提到的，师范生的高自我意识并没有发挥积极的作用，它使得师范生过度担心自己的表现给他人留下不好的印象而有较高的社会焦虑，担心他人的负面评价，使他们对目标工作或任务的注意力和精力分散，影响行为表现和情绪，影响他们心理的适应性——自我不够和谐、自我接纳水平低。所以自我意识要和自我心理结构中的其他功能成分协同，才能发挥它的适应性作用。

短教龄教师在自我接纳上达到了长教龄绩优教师的水平，在自我概念、自我评价、自我意识等方面有待发展。需要提高自我调控能力，在教学工作中应学会排除无关干扰和诱惑，做好情绪管理，克制自己的极端情绪和冲动。虽然作为新手教师，他们入职后还处于适应阶段，许多工作是被动接受完成的，但是从职业发展角度来看，还是需要提高主动性，有目标意识，独立思考，多反思多总结。另外，应学会使用自我调控策略，在教学过程中监控自己的言行、学生的情况、教学互动情况等，不断调节自己。短教龄教师不仅要有教学工作上的热情和积极性，还需要掌握相关的自我调控技能，这样才能维持长久的教学发展动机，成长为一名优秀的教师。

当然，长教龄非绩优教师同样需要如短教龄教师一样在那些方面继续提高和学习。但是熟手型教师不同于短教龄教师，他们在教学岗位上已经工作了多年，在教学上的冲劲不如短教龄教师那么足，甚至出现疲态，所以我们看到他们在一些指标上,如自我接纳、自我意识和自我概念,不但没有发展还在退步。这些指标是长教龄非绩优教师受职业倦怠影响在自我心理结构上的反映,也提示我们有针对性地对他们在这些指标上进行培训将有助于改善他们职业发展的瓶颈问题。

四、自我心理结构图谱的个案分析

随机抽取师范生、短教龄教师、长教龄非绩优教师和长教龄绩优教师个案各一名,绘制他们的自我心理结构图谱。将得到的结果与对应组和长教龄绩优教师的图谱进行比较。

师范生个案的教师胜任力总分为178,短教龄教师个案的教师胜任力总分为185,长教龄非绩优教师个案的教师胜任力总分为169,长教龄绩优教师个案的教师胜任力总分为199。

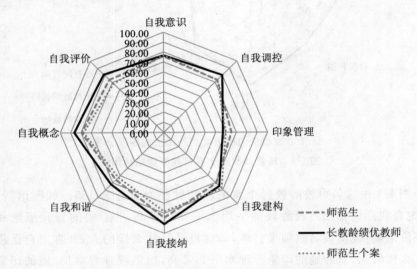

注:0—100表示从内圈依次到外圈上的维度分值。

图 5-2 师范生个案自我心理结构图谱

图 5-2 中这名师范生个案的教师胜任力总分为178。如图谱所示,他/她在自我意识维度上分值较高,与本研究师范生和长教龄绩优教师的平均自我意识程度持平。自我调控水平也是师范生的平均水平,低于长教龄绩优教师。但是,该名师范生的印象管理分值较低,说明他/她对外展现自己的欲望、对社会情境线索的敏感性不高,比较有原则。另外该名师范生独立型自我建构的水平较高,可见他/她比较独立自主,目标明确。然而他/她的自我

尚不成熟，表现在自我接纳水平、自我和谐程度、自我评价均比较低，自我概念也不够确定。总体看来，该名师范生的自我心理结构还是处于平均水平，虽然自我意识、印象管理、自我建构维度发展较好，但是从教师专业发展角度看，这种发展尚不成熟，他/她的自我特征上的表现有待提高，需要学习自我调控的方法，学会自我调节。

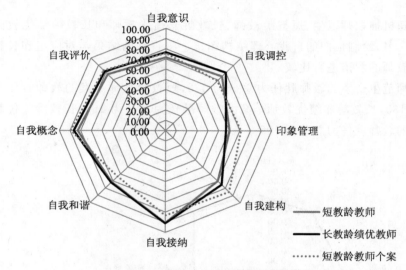

注：0—100 表示从内圈依次到外圈上的维度分值图。
图 5-3　短教龄教师个案自我心理结构图谱

图 5-3 中这名短教龄教师个案的教师胜任力总分为 185。如图谱所示，他/她自我意识相比短教龄教师平均水平有所提高。他/她的自我概念和自我评价很高，说明该名教师很自信，知道自己是什么样的人，并肯定自己将成为什么样的人。他/她的印象管理水平非常高，很重视外界对他/她的印象或评价，也可以推测他/她的社会焦虑比较高，容易对他人的负面评价感到不安。他/她的独立型自我建构水平非常高，说明该名教师很有个性，有自己独特的想法。但是，可以看到该名教师的自我调控能力很差，自我接纳、自我和谐水平相对较低。结合教师胜任力分数看来，该名新手教师自身的专业素养是不错的，非常自信，有比较高的事业抱负，他/她希望表现自己，获得他人的认可，所以他/她追求事业发展的动机很强。正如硬币的两面，这么强烈的自信和动机也给这位老师埋下了潜在的适应危机——觉得现实常常与理想差距太远，自我内部长期处于冲突、矛盾的状态，不能够接受自己不足、不好的

一面。作为一名新手教师,他/她需要学习的东西还有很多,经验的积累也很重要,过于高估自己或是理想化并不利于将来的发展。所以该名教师还需要学习自我调控的方法,控制自我表现,不要一味想要获得外界的认可,而忽视自己内在的提升。另外,该名教师自我感觉太好,独立性过高,存在与他人相处、合作的困难,所以建议这名老师学会自我调节,给自己正确的定位,虚心向有经验的教师求教,与其他同事相互学习,共同做好教学工作。

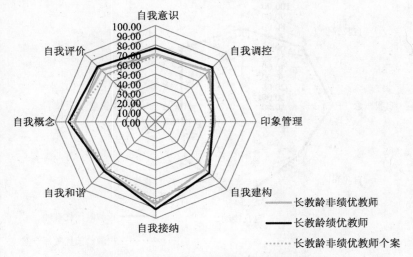

注：0-100 表示从内圈依次到外圈上的维度分值。

图 5-4　长教龄非绩优教师个案的自我心理结构图谱

图 5-4 中这名长教龄非绩优教师个案的教师胜任力总分为 169。如图谱所示,这位教师的自我意识水平低于长教龄非绩优教师的平均水平。自我调控水平较高,接近长教龄绩优教师的平均水平。印象管理水平低于长教龄绩优教师的水平。独立型自我建构水平比较低,说明该名教师独立自主性不够。综合这两个维度分数可以推测,该名教师有点固执,在教学工作中一板一眼,不灵活。虽然遵守教学规定和要求,但是缺乏教学的艺术,缺乏创造性,所以他/她的专业发展水平也不高(教师胜任力分数比较低)。他/她的自我概念水平达到了长教龄绩优教师的水平,说明他/她有清晰的自我认识和了解。但是作为一名从事教学工作多年却没有显著成就的教师,他/她也会不自觉地怀疑自己的价值和能力,因而对自己评价非常低。有着多年的教学经验,各项教学活动都按照要求标准要来做的,为什么没有得到外界对于他/她教学工作的肯定？他/她对自己的现状是不满意的,所以自我接纳和自我

和谐水平相对较低。另一方面,因为这位老师的自我调控能力比较好,他/她会自我调节,但是调节的方向不是促进专业的发展,而是降低标准,让自己接受现状、安于现状。因此,建议该名教师增强自我意识,提高自己的印象管理能力,让自己更加开放些,处事更为灵活些。增加自信心,从比较简单、容易的教学活动入手,不断积累成就感,提高自我效能感。

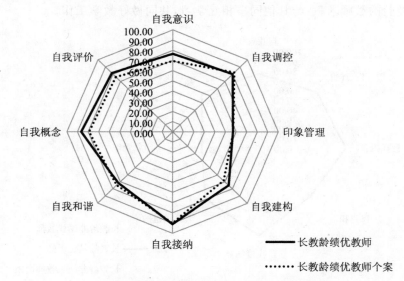

注:0—100 表示从内圈依次到外圈上的维度分值

图 5-5 长教龄绩优教师个案的自我心理结构图谱

图 5-5 中这名长教龄绩优教师个案的教师胜任力总分为 199。如图谱所示,他/她的自我调控水平比较高,印象管理水平适中,可见该名长教龄绩优教师在教学中有原则,但张弛有度。该名教师的自我接纳和自我和谐水平约等于或略高于长教龄绩优教师的平均水平,说明心理适应水平比较好。他/她自我意识水平低于长教龄绩优教师的平均水平,独立型自我建构水平也略低,说明这位老师的自主意识略有欠缺。自我概念水平和自我评价水平相对较低,可见这位老师的自我认识还不够,自信心略有不足。但是从整体结构看,这位老师的自我心理结构发展得相对比较好。虽然,这位老师的教师胜任力水平比较高了,但是其专业发展仍有上升空间,建议增强自我意识,加强自我观察、自我反思,进一步培养独立自主的能力。

五、小　结

本章根据教师专业发展的自我心理结构的经验模型绘制出了各个教师发展阶段的自我心理结构图谱，有助于更加直观地理解自我心理结构。另外，随机选取了师范生、短教龄教师、长教龄非绩优教师和长教龄绩优教师各一名，对他们的自我心理结构图谱进行分析说明，帮助我们更加深刻地理解自我心理结构在教师专业发展中的应用。需要指出，自我心理结构是一个整体，它的8个维度相互联系，不可以分割开来看每个维度上的分值。特别要重视自我意识在整个结构中的基础作用，如果该项分数个体表现不高的话，那么即使在自我调控、自我建构等维度上水平较高，该个体的自我发展也是不成熟的，在诸如自我接纳、自我和谐、自我概念或自我评价等维度中的某一个或多个维度上也会有所反映。另外，印象管理水平不能过高也不宜过低，可结合独立型自我建构加以判断。

第六章　基于教师专业发展的自我心理结构测评方案

自我是人类心理活动中的重要结构,是人与环境交互作用的核心,也是人们组织加工环境信息的参照。人类在自我认知、动机、需要的基础上选择性地加工环境信息,调控自身行为。了解自我心理活动的规律有助于个体认识自己、认识他人、认识世界,更好地与环境进行互动。对于教师,自我心理结构是职业活动重要的内部动因,教师是否能够不断地从教学实践中获得成长,最终达到专业发展的新高度,无不取决于一个教师拥有怎样的自我心理结构。

一、测评目的和功能

(一) 目的

测查测试者不同的自我心理结构,反映其自我发展状况,从而有针对性地提出培训建议。

(二) 功能

对职前师范生和职后短教龄教师、长教龄非绩优教师和长教龄绩优教师进行施测问卷测试,发现与教师专业发展密切相关的自我心理结构。因此了解个体的自我心理结构的状况,可以预测教师专业发展情况。同时有助于发现问题,进而有针对性地进行培训,促进教师的专业发展。

二、教师专业发展自我心理结构的动力模型

根据教师专业发展情况的自我心理结构经验模型,我们建构了推动教师专业发展的自我心理动力模型(参见图 6-1)。

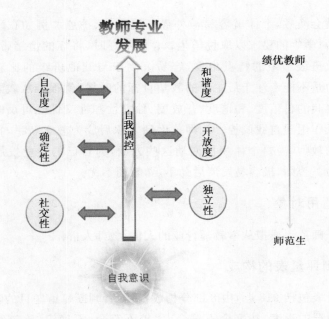

图 6-1　教师专业发展的自我心理动力模型

如要成长为一名优秀的教师,需要的自我心理动力如下:

(1) 自我意识。意识到自己作为一名教师,要言行得当,为人师表。此外,要有意识地观察、分析和反思自己的教学实践活动,总结体会和经验。

(2) 自我调控。要有目标意识,能够调动自身的力量专注于目标的完成,这需要教师有较强的自我控制能力和有效的自我监控策略。

(3) 自信度。对应自我评价维度,指相信自己、肯定自己。

(4) 和谐度。对应自我和谐维度,指经验与理想相协调。

(5) 开放度。对应自我接纳维度,指对自己的好的或是不好的地方都能够持开放的态度,全都接纳。

(6) 独立性。对应自我建构维度,指独立的思维,积极自主,敢于挑战。

(7) 社交性。对应印象管理维度,需要教师有自己的原则,言行一致,注重内在管理,提升自身的德才学识,而不是迎合他人。

(8) 确定性。对应自我概念维度,指认识到不同角色下的自己,对自己有着全面、清晰、深入的了解,确定自己是什么样的人,将会成为什么样的人。

自我意识是教师专业发展的根本,是前进的力量之源。而教师正确的角色认知只有在自我调控下才能发挥最大的作用。没有自我调控,教师角色意识的能量就会涣散,个体就容易被外界环境干扰、诱惑。例如在乎学生的评价,就放松对学生的要求以取悦学生;心情不好时,将坏的情绪带到课堂中;不能从所教班级学生的特点出发,容易沉溺于与其他班级的比较、竞争中。当教师的力量不能专注于最主要的教学目标的时候,就很难从教学业绩中脱颖而出。自我的自信度、和谐度、开放度、独立性和社交性既可反映自我调控的结果也反作用于自我调控。从师范生到入职后成为教学新手,再发展成为一名优秀的教师,需要个体积极调动这些方面,为自己的专业发展提供源源不断的动力。否则,极容易发展后劲不足,教而不优。

三、适用对象

适用于师范生或拟从事教师行业的人群、教师人群。

四、测评量表的构成

测评量表包括218题,由8部分构成,受测者判断每道题目的陈述符合自己的实际情况的程度,从完全不符合、比较不符合、不确定、比较符合到完全符合,题目实行1—5的5级计分(具体测评量表信息见表6-1,测评量表见附录6-1)。

表6-1 教师专业发展的自我心理结构测评量表信息

自我心理结构	测评内容	题号	反向计分题	题量
自我意识	1. 公我量表	105—111	无	24
	2. 内向性自我意识量表	118—127	119 122	
	3. 外向性自我意识量表	128—134	无	
自我调控	1. 自我控制量表	61—73	62 64 67 69 70 72 73	28
	2. 心理监控策略量表	74—78	无	
	3. 行为监控策略量表	79—83	无	
	4. 环境监控策略量表	84—88	无	
自我概念	1. 生理自我概念量表	159—170	161 162 165 166 167 170	60
	2. 道德自我概念量表	171—182	无	
	3. 心理自我概念量表	182—194	183 186 187 190 192	
	4. 家庭自我概念量表	195—206	196 197 200 201 203 204 206	
	5. 社会自我概念量表	207—218	207 210 213 214 215	

续表

自我心理结构	测评内容	题号	反向计分题	题量
自我评价	1. 罗森伯格自尊量表	1—10	3 5 8 9 10	32
	2. 核心自我评价量表	11—22	12 14 16 18 20 22	
	3. 一般自我效能感量表	23—32	无	
自我和谐	1. 自我与经验的不和谐量表	45—60	45—60	16
自我接纳	1. 对肯定自我认知的自我接纳	33—36	无	12
	2. 对否定自我认知的自我接纳	37—40	无	
	3. 对肯定自我认知的自我排斥	41—44	41—44	
自我建构	1. 独立型自我建构量表	135—146	无	12
印象管理	1. 他人导向量表	89—96	89 94	34
	2. 表演量表	97—104	97 99	
	3. 社会焦虑量表	112—117	无	
	4. 简明负面评价恐惧量表	147—158	148 150 153 156	

为了方便教师胜任力的测量,徐建平版的教师胜任力问卷见附录6-2。该量表有50道题目,其中个人特质题题号为9、32、35、36、37、38、39、40、41;关注学生题题号为24、25、26、27、28、31;专业素养题题号为42、43、44、45、46;人际沟通题题号为2、7、11、13、16、17;建立关系题题号为8、22、29、30、33、34;信息搜集题题号为18、19、20、21;职业偏好题题号为6、23、48;尊重他人题题号为1、4、5;理解他人题题号为12、15、49。胜任力总分为这9个子胜任特征分的总和。3、10、24、47、50为测谎题,这5道题为反向计分题,分数过高说明有撒谎的倾向。

五、结果分析

测试者将每个自我心理特征测验量表的得分填在表6-2中,每个量表的满分已经给出,算出每个量表分占满分的百分数,维度分则是该维度下所有特征的百分数的平均值。具体计算每个维度分数的公式如下:

$$D = \sum \frac{\left(\frac{t_1}{T_1} \times 100 + \frac{t_2}{T_2} \times 100 + \cdots + \frac{t_n}{T_n} \times 100\right)}{n}$$

D:所要计算的某个维度分;

T：表示该维度中某个自我心理特征的量表满分；
t：表示个体在该维度的某个自我心理特征量表上的得分；
n：表示该维度所包含的自我心理特征的数量。

算出维度分后可以将其标注到图 6-2 中，绘制自己的自我心理结构图谱。图中已经给出本研究中长教龄绩优教师的自我心理结构图谱，有助于测试者进行比较。根据上一章个案的分析方式，对自己的自我心理结构进行分析，将会对自己的自我心理结构有更清晰的认识，也有助于有针对性地进行培训。

根据本研究中四类人群的自我结构特点，提出以下建议：

师范生需要关注自己在自我评价、自我和谐、自我接纳、自我建构、印象管理及自我调控上的分数情况。

短教龄教师需要关注自己在自我意识、自我评价、自我建构和自我调控上的分数情况。

长教龄非绩优教师需要关注自己在自我意识、自我评价、自我接纳、自我建构以及自我调控上的分数情况。

表 6-2 测评结果分数转换表

自我维度	测验内容	量表得分	量表满分	百分数	维度分
自我意识	1. 公我量表		35		
	2. 内向性自我意识量表		50		
	3. 外向性自我意识量表		35		
自我调控	1. 自我控制量表		65		
	2. 心理监控策略量表		25		
	3. 行为监控策略量表		25		
	4. 环境监控策略量表		25		
自我概念	1. 生理自我概念量表		60		
	2. 道德自我概念量表		60		
	3. 心理自我概念量表		60		
	4. 家庭自我概念量表		60		
	5. 社会自我概念量表		60		
自我评价	1. 罗森伯格自尊量表		50		
	2. 核心自我评价量表		60		
	3. 一般自我效能感量表		50		

续表

自我维度	测验内容	量表得分	量表满分	百分数	维度分
自我和谐	1. 自我与经验的不和谐量表		80		
自我接纳	1. 对肯定自我认知的自我接纳		20		
	2. 对否定自我认知的自我接纳		20		
	3. 对肯定自我认知的自我排斥		20		
自我建构	1. 独立型自我建构量表		60		
印象管理	1. 他人导向量表		40		
	2. 表演量表		40		
	3. 社会焦虑量表		30		
	4. 简明负面评价恐惧量表		60		

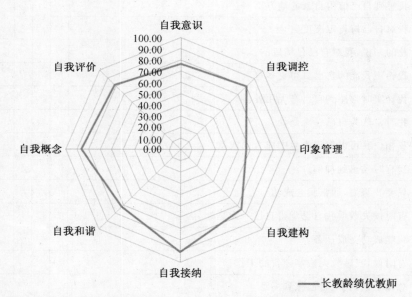

注：图中已绘有长教龄绩优教师的自我心理结构图谱，供测试者参照。

图 6-2 自我心理结构图谱

附录6-1 教师专业发展的自我心理结构测评问卷

该测评旨在了解您的心理特点,请仔细阅读每一个题目,根据每种描述与你实际情况的相符程度用右边的评价标准评定,选择相应的选项。答案无错对之分,请不要有任何顾虑,注意不要漏答,请耐心作答。

序号	题项	完全不符合	比较不符合	不确定	比较符合	完全符合
1	我感到我是一个有价值的人,至少与其他人在同一水平上。					
2	我感到我有许多好的品质。					
3	归根到底,我倾向于觉得自己是一个失败者。					
4	我能像大多数人一样把事情做好。					
5	我感到自己值得自豪的地方不多。					
6	我对自己持肯定态度。					
7	总的来说,我对自己是满意的。					
8	我希望我能为自己赢得更多尊重。					
9	我确实时常感到自己毫无用处。					
10	我时常认为自己一无是处。					
11	我相信我可以取得人生中应有的成就。					
12	我有时候感到抑郁。					
13	只要我努力,通常我会成功。					
14	有时候失败使我自己觉得自己一无是处。					
15	我能成功完成任务。					
16	有时候,我感觉无法掌控我的工作。					
17	总体上说,我对自己感到满意。					
18	我怀疑自己的能力。					
19	我可以主宰我的人生。					
20	事业能否成功我没有把握。					
21	我能解决我碰到的大部分问题。					
22	我时常觉得一切都很暗淡且毫无希望。					

续表

序号	题项	完全不符合	比较不符合	不确定	比较符合	完全符合
23	如果我尽力去做的话,我总是能够解决问题的。					
24	即使别人反对我,我仍有办法取得我所要的。					
25	对我来说,坚持理想和达成目标是轻而易举的。					
26	我自信能有效地应付任何突如其来的事情。					
27	以我的才智,我定能应付意料之外的情况。					
28	如果我付出必要的努力,我一定能解决大多数的难题。					
29	我能冷静地面对困难,因为我信赖自己处理问题的能力。					
30	面对一个难题时,我通常能找到几个解决方法。					
31	有麻烦的时候,我通常能想到一些应付的方法。					
32	无论什么事情在我身上发生,我都能应付自如。					
33	当我能发挥自己的长处时,我会感到心满意足。					
34	当我获得某种成功时,我会对自己的才能、努力精神感到满意。					
35	当我的工作做得很得心应手时,自己就会有自信。					
36	当我得到别人的承认时,我认为自己就是一个有价值的人。					
37	即便我存在着缺点,我仍然喜欢自己。					
38	我只接受自己的本来面貌。					
39	我珍重既有缺点,又有优点的自我。					
40	不管自己是怎样的人,我存在本身就有其价值。					
41	即使我被人感谢,也体验不到自身的价值。					
42	即使我达到了某种目标,也发现不出自身的存在价值。					
43	即便获得别人的赞赏,我对自己也不满意。					
44	即便我有长处,我还是不喜欢自己。					
45	我周围的人往往觉得我对自己的看法有些矛盾。					
46	我很难恰当地表达我对别人的情感反应。					
47	我经常对自己的行为不满意。					

续表

序号	题项	完全不符合	比较不符合	不确定	比较符合	完全符合
48	如果我在某件事上不顺利,我就往往会怀疑自己的能力。					
49	我觉得我所做的很多事情都是不该做的。					
50	别人常常会误解我对他们的好恶。					
51	很多情况下我不得不对自己的能力表示怀疑。					
52	与别人交往过多容易暴露自己的隐私。					
53	我觉得自己目前的处境与我的要求相距太远。					
54	我所遇到的很多问题都无法自己解决。					
55	我能很自如地表达我想表达的意思。					
56	在遇到问题时,我总觉得别人都离我很远。					
57	我觉得很难发挥出自己应有的水平。					
58	我很担心自己的所作所为会引起别人的误解。					
59	每个人都在忙自己的事情,很难与他们沟通。					
60	我经常感到自己是孤立无援的。					
61	我能控制好自己的脾气。					
62	我很难改掉坏习惯。					
63	我生活懒散。					
64	我说话不看场合。					
65	我会因为好玩而去做些于己不利的事情。					
66	我善于拒绝对自己不利的事情。					
67	我的自我约束力有待加强。					
68	人们认为我有很强的自律能力。					
69	我有时会因有趣或好玩的事情而放下手头的工作。					
70	我很难做到专心致志。					
71	我能通过有效的努力让长远目标顺利推进。					
72	有时我不能阻止自己去做一些明知是错的事情。					

续表

序号	题项	完全不符合	比较不符合	不确定	比较符合	完全符合
73	我常未考虑周全就行动了。					
74	我通常设置阶段性目标。					
75	我通常制订一个切实有效的实现目标的计划。					
76	我通常考虑出现问题时应该采取哪些对策。					
77	我通常竭尽全力地工作,调动自己的主观能动性。					
78	我通常有意识地加强对自己薄弱环节的训练。					
79	我通常了解和搜集关于任务的各方面的信息,并进行准确的分析。					
80	我通常和同学或朋友进行讨论,充分发挥集体的力量。					
81	我通常调整自己的心理和行为,以适应变化的环境。					
82	我通常以奉献的精神完成任务,不计较个人得失。					
83	我通常建设性地处理自己的失误,不断吸取经验教训。					
84	我通常重视建立和发展同其他人的良好的人际关系。					
85	我通常主动创设一种良好的学习氛围。					
86	我通常积极寻求和争取各方面的支持和配合。					
87	我充分利用自己原有的关系网。					
88	我通常以一种大方、友好的态度与别人交往。					
89	在聚会或者社交场合,我不会试图说或做一些讨别人喜欢的事情。					
90	我认为自己只不过是在演戏,并以此打动或者取悦别人。					
91	当对自己的行为没有把握时,我会通过观察别人的行为来寻找线索。					
92	相对于独自一人,和别人在一起看喜剧我会更容易发笑。					
93	即使我觉得很无聊,我也装得很高兴。					
94	我不会改变自己的观点(或行为)来取悦别人或者赢得他们的喜爱。					
95	为了能够友好相处并被人喜欢,我倾向于成为人们所期望的样子。					

续表

序号	题项	完全不符合	比较不符合	不确定	比较符合	完全符合
96	即使我非常不喜欢他们,我也会装得很友好。					
97	我的行为通常反映了自己真实的内心体验、态度和信念。					
98	我可能会成为一个好演员。					
99	我很少根据朋友的意见来选择电影、图书或者音乐。					
100	我有时会向别人表达出比实际更深刻的情绪体验。					
101	在不同的情境中或者和不同的人在一起,我的行为方式会完全不同。					
102	我并不总是我看起来的那个样子。					
103	我曾考虑过做一个演艺人员。					
104	如果为了一个好结果,我可以看着别人的眼睛若无其事地说谎。					
105	我在意自己的做事方式。					
106	我在意如何在别人面前表现我自己。					
107	我很注意自己的仪容。					
108	我常常担忧如何给别人一个好印象。					
109	我常常注意自己的外表。					
110	我在意别人对我的看法。					
111	我出门前的最后一件事就是照镜子。					
112	在新场合中,我需要花力气去克服自己的害羞。					
113	当我工作时,如果有人在看着我,我会觉得很不自在。					
114	我很容易觉得尴尬。					
115	跟陌生人交谈对我来说很容易。					
116	当我在众人面前说话时,我感到紧张。					
117	人数众多的场合会使我紧张。					
118	我总是努力了解我自己。					
119	总的来看,我不是很了解自己。					
120	我总是反省自己。					

续表

序号	题项	完全不符合	比较不符合	不确定	比较符合	完全符合
121	我总是自我幻想的主角。					
122	我很少反省自己。					
123	我通常很关注自己的内心感受。					
124	我总是反省自己的动机。					
125	有时我会有一种从远处注视自己的感觉。					
126	我会注意自己心境的变化。					
127	当我解决问题时,我会注意到我是如何思考的。					
128	我关注自己的做事风格。					
129	我关注展示自己的方式。					
130	我能意识到自己看待问题的方式。					
131	我总是担心不能塑造一个好的印象。					
132	我关注别人如何看待我。					
133	我总是能注意到自己的外表。					
134	我倾向在许多方面表现出自己的独特性。					
135	独立于他人的个性特点对我来说是非常重要的。					
136	对我来说,保持活跃的想象很重要。					
137	与刚认识的人交往时,我喜欢直截了当。					
138	在课堂上发言对我来说不成问题。					
139	我在家里和学校里的表现始终如一。					
140	当见到相识不久的人时,我就自然地直呼其名,即使他们的年龄比我大得多。					
141	我认为健康是最重要的。					
142	不管和谁在一起我的表现始终如一。					
143	与其被误解,不如直截了当地说出自己的想法。					
144	当我被单独表扬或奖励时,我感到舒服。					
145	对我来说,我主要关心的是能够照顾我自己。					

续表

序号	题项	完全不符合	比较不符合	不确定	比较符合	完全符合
146	即使我知道别人的看法无关紧要，我还是担心别人会怎样看待我。					
147	即使我知道别人对我印象不好，我也不在意。					
148	我经常害怕别人指出我的缺点。					
149	我很少担心自己会给别人留下什么样的印象。					
150	我害怕得不到别人的认可。					
151	我害怕别人会挑我的毛病。					
152	我并不因为别人对我的看法而烦心。					
153	当我跟别人谈话时，我担心他们会怎样看我。					
154	我时常担心我给别人留下什么样的印象。					
155	如果我知道有人在评价我，我也不在乎。					
156	有时我觉得自己过于担心别人怎样看我。					
157	我通常担心自己会说错话或做错事。					
158	我的身体健康。					
159	我喜欢经常保持仪态整洁大方。					
160	我的身体有病。					
161	我全身都是病痛。					
162	我的身材既不胖，也不瘦。					
163	我对自己的外貌感到满意。					
164	我觉得身体不太舒服。					
165	我对自己身体的某些部位不太满意。					
166	我的动作时常显得很笨拙。					
167	我很少感到身体不舒服。					
168	我很会照顾自己的身体。					
169	我常常睡得不好。					
170	我举止端正、行为规矩。					

续表

序号	题 项	完全不符合	比较不符合	不确定	比较符合	完全符合
171	我的品德好。					
172	我为人诚实。					
173	我的道德不坚强,有时想做坏事。					
174	我觉得我不太值得别人信任。					
175	我经常觉得良心不安。					
176	我觉得我的行为合乎我自己的良心。					
177	我对自己的道德行为感到满意。					
178	我在日常生活中常凭着良心做事。					
179	为了胜过别人,有时候我会使用一些不正当的手段。					
180	对我而言,做正当的事或表现较好的行为是有困难的。					
181	我时常没有事先经过考虑,就贸然从事。					
182	我是一个没有出息的人。					
183	我经常心情愉快。					
184	我的心情平静、不忧不愁。					
185	我经常心怀恨意。					
186	我瞧不起我自己。					
187	我对我自己目前的情形感到满意。					
188	我觉得我这个人还不错。					
189	我对我自己感到不满意。					
190	在任何情况下我都能照顾我自己。					
191	我经常不敢面对困难。					
192	我遭遇到困难时,都能轻而易举地加以解决。					
193	我很关心我的家人。					
194	我的家庭幸福美满。					
195	我的家人并不爱我。					

续表

序号	题项	完全不符合	比较不符合	不确定	比较符合	完全符合
196	我觉得家人不信任我。					
197	我的家人、朋友对我很器重。					
198	我已尽力去孝顺我的父母。					
199	我觉得我对家人不够信任。					
200	我不太喜欢我的家人。					
201	对目前与家人保持的良好关系，我感到很满意。					
202	我常和家人发生争吵。					
203	我的行为常无法满足家人的期望。					
204	我尽量公平合理地对待我的朋友与家人。					
205	我和别人在一起的时候，会觉得不自在。					
206	我厌恶这个世界。					
207	我待人亲切友善。					
208	我很受别人的欢迎。					
209	我很难交到朋友。					
210	我对我自己的社交能力感到满意。					
211	我对自己待人的方式感到满意。					
212	我觉得我在社交方面不够理想。					
213	我觉得我和他人相得不太理想。					
214	和陌生人谈话，我觉得有困难。					
215	我尽量去了解别人对事物的看法。					
216	我和别人相处得很好。					
217	对于我所认识的人，我并非每个都喜欢。					

附录 6-2　教师胜任力问卷

该问卷旨在了解您的工作表现,请仔细阅读每一个题目,根据每种描述与你实际情况的相符程度用右边的评价标准评定,选择相应的选项。答案无错对之分,请不要有任何顾虑,注意不要漏答,请耐心作答。

序号	题　项	完全不符合	比较不符合	不确定	比较符合	完全符合
1	与他人有冲突时,能以礼貌的方式表达意见和观点。					
2	工作符合上级领导的标准和管理规定的标准。					
3	做游戏的时候,我只愿赢而不愿输。					
4	宽容他人的挑衅行为,容忍不同的要求和观点。					
5	自愿从他人那里获取有关信息,或接受援助。					
6	对所从事的工作充满热情,并心甘情愿地倾注精力。					
7	奖惩标准前后一致,公平对待每个学生。					
8	与同事、学生及家长建立友谊,借此开展教育活动。					
9	宏观考虑问题,归纳总结其中的关系和模式。					
10	从不对他人发脾气。					
11	当同事、家长需要帮助和支持时,愿意提供帮助。					
12	从他人的行为中洞察其意图,了解其潜在的意义和信息。					
13	充分激发学生,建立融洽的班级气氛,带领学生共同前进。					
14	有时我也说说他人的闲话。					
15	别人讲话时从不打断,并积极营造谈话的气氛。					
16	承认自己工作中的过失,接受批评,正视自己的成绩和错误。					
17	学生行为没有达到要求的标准时,适时采取补救措施。					
18	完整地保存自己或学生的各种活动记录。					
19	系统搜索有关教学工作的第一手资料及额外信息。					
20	监控自己的教学质量和学生的学习质量。					
21	课前做充分准备,罗列教学步骤和教学资源清单。					
22	面对学生的合理需求与抱怨,督促学校解决。					
23	对教师职业有独特的理解和做法,喜欢当老师。					
24	相信学生的潜力,对学生充满信心,表现出正面期待。					

续表

序号	题　项	完全不符合	比较不符合	不确定	比较符合	完全符合
25	针对学生不同的学习风格,提倡使用不同的学习方式。					
26	理解学生之间的群体行为,对产生的原因感兴趣。					
27	真心喜欢与学生交往相处,而不以自身的利益为出发点。					
28	不管学生取得成绩,还是遇到困难和挫折,始终给予鼓励。					
29	通过家访、老师介绍、同学描述、档案资料等途径了解学生。					
30	在教师会上和家长会上,积极提出个人的意见。					
31	视学生为独立主体的人,用行动表现出对他们的尊重。					
32	工作超越他人要求努力的程度和自己的预期。					
33	把自己的联络方式留给学生或家长,保持联系。					
34	通过家长、其他师生,对学生产生间接影响。					
35	质疑他人意见的正确性,并勇于提出不同的看法。					
36	使用建设性的方法管理压力,控制情绪。					
37	强调个人努力,利用有限资源,取得最大成绩。					
38	运用系统的策略影响家长和师生,以取得他们的支持。					
39	及时、冷静、适当地处理教学中的突发事件。					
40	设定较高的工作目标,并据此测查自己的行为。					
41	改进教学时自己考虑风险、拥有的资源和时间。					
42	用简单的术语解释复杂的问题,帮助他人理解。					
43	提倡和传播新的教学技术、教学模式和教学理念。					
44	分析任务,简化问题,按重要性区分完成的优先次序。					
45	与同事公开分享相关的教学信息及新资源。					
46	针对学生反应,及时改变课堂程序,调整授课计划。					
47	有时我将今天该做的事,拖到明天去做。					
48	向他人谈起自己的学校时,表现出一种自豪感。					
49	观察他人的非言语行为,体察他人的心情和感受。					
50	假如看电影不买票,也不会被人发觉,可能会这样去做。					

第七章 教师专业发展自我拓展培训方案研究

一、引 言

《国家中长期教育改革和发展规划纲要(2010—2020年)》中指出:教师要以人格魅力和学识魅力教育、感染学生,做学生健康成长的指导者和引路人,教师心理健康教育是教师发挥人格魅力引领学生健康成长的重要助推力。有研究者指出,教师心理健康教育应当以提高教师工作品质为出发点,并在操作过程中不断提升教师的生活品质。目前国内涉及教师心理健康的相关培训多聚焦在职业减压、情绪管理、人际沟通等方面,通过课程、讲座及团体活动的形式开展,成效明显,受到教师的好评。比如,上海市七宝中学开展的"教师心理成长工作坊"(杨敏毅,鞠瑞利,2010),北京市朝阳区以"自我发现"为目标的教师心理深度技能培训课程(荆承红,王鸿杰,王宝珊,李宏斌,2011),等等。

教师的自我心理结构影响着他们的行为模式,继而影响着他们的专业发展。教师心理健康培训与自我总是有着千丝万缕的关系,本研究将从教师职业发展的要求入手,以自我为出发点,以教师群体自我心理结构研究报告为基础,结合团体心理辅导的理论与实践,探讨教师专业发展自我拓展培训方案。

二、自我认知与教师专业发展的关系

(一)自我突破需立足于教师自我心理动力系统

根据教师专业发展的自我心理结构经验模型,前期研究建构了教师专业发展的自我心理动力模型(见图6-1)。

1. 自我意识

意识到自己作为一名教师,要言行得当,为人师表。此外,要有意识地观察、分析和反思自己的教学实践活动,总结体会和经验。

2. 自我调控

要有目标意识,能够调动自身的力量专注于目标的完成,这需要教师有较强的自我控制能力和有效的自我监控策略。

3. 自信度

对应自我评价维度,指相信自己、肯定自己。

4. 和谐度

对应自我和谐维度,指经验与理想相协调。

5. 开放度

对应自我接纳维度,指对自己的好的或是不好的地方都能够持开放的态度,全都接纳。

6. 独立性

对应自我建构维度,指独立的思维,积极自主,敢于挑战。

7. 社交性

对应印象管理维度,需要教师有自己的原则,言行一致,注重内在管理,提升自身的德才学识,而不是迎合他人。

8. 确定性

对应自我概念维度,指认识到不同角色下的自己,对自己有着全面、清晰、深入的了解,确定自己是什么样的人,将会成为什么样的人。

(二)自我认知与教师的专业发展密切相关

一名优秀的教师,不仅在专业技能、素养、认知上表现突出,同时在他们的心理特质,特别是自我心理结构上也有其独特的表现。

为了验证这一假设,在研究对象上,研究者开创性地从职前师范生开始调查自我结构与教师专业发展的关系,同时将教师人群细致地分为短教龄非绩优教师、长教龄非绩优教师和长教龄绩优教师来考察教龄和职业发展情况在自我结构上的反映;在研究方法上,研究者将与自我发展关系密切的自尊、自我评价、自我接纳、自我和谐、自我监控、自我意识、自我概念等内容囊括进调查问卷。第一步,使用探索性因素分析的方法,确定教师人群自我心理的结构成分。第二步,以每个成分具有代表性的内容为自变量,以教师胜任力自陈量表各维度为因变量,通过多元回归分析确定教师心理结构的理论模型——教师专业发展的自我心理结构,由5个因素构成,分别是自我建构、自我概念、自我意识、社交自尊和自我接纳。由于教师胜任力自陈量表无法客观体现教师在专业领域的胜任力状况,因此,第三步,研究者对师范生、短教龄非绩优教师、长教龄非绩优教师和长教龄绩优组教师四类人群在上述各量表及其子量表上的分数进行单因素方差分析并结合事后两两比较,得到教师心理结构的经验模型——教师专业发展的自我心理结构,由8个因素构成,分别是自我意识、自我调控、自我和谐、印象管理、自我建构、自我接纳、自我概念和自我评价。经验模型是对理论模型的验证与补充,强调了在教师专业发展背后教师个体自我心理结构的重要性。

三、教师专业自我拓展培训概览

(一) 培训背景

目前,全国普教系统的教师职后培训形式多样,内容丰富。有各级各类针对提升教师业务能力的在岗培训,针对教师心理健康素质拓展的团体心理培训,但缺乏可促进教师专业发展的自我认知拓展培训。

根据前期调查研究的结果,本研究将结合教师自我心理结构的理论模型与经验模型,分别对尚未入职的师范生、0～5年教龄的短教龄教师和11年及以上教龄的长教龄教师制订致力于其专业发展的自我拓展培训方案。

(二) 培训对象与形式

通过上海市各区县教育学院平台招募上海市普教系统在职教师,以6次系列团体心理辅导的形式进行,人数控制在15～25人,其中穿插自我认知心理测评、个别心理访谈、心理剧创作等形式。

(三) 培训目标

根据师范生(职前)、短教龄教师、长教龄非绩优和长教龄绩优教师四类人群在自我心理结构上的不同特点,通过团体心理辅导的方式,从自我拓展的角度突破教师专业发展瓶颈。

(四) 培训方案

1. 总体思路

本培训方案的总体思路是以"参与、分享、体验、自省"为主,以自我认知突破为中心,以体验式活动为载体,充分调动教师参与培训的积极性,运用多感官、多视角、立体化的培训形式,增强培训的针对性和实效性;聚焦内容、形式与评估的突破与创新。

(1) 培训内容的突破与创新。突破"拼盘式培训"中专家导向的瓶颈,以教师自我心理结构为依据,围绕自我认知突破进行模块设计。

(2) 培训形式的突破与创新。创建以团体心理辅导为载体的互动式工作坊,创建上海市首个教师专业发展自我拓展实训基地。

(3) 培训评估的突破与创新。突破标准化考试与论文式小结的瓶颈,为每位参与培训的教师建立自我认知评估档案,重过程、显特色、展实效。

2. 具体步骤

(1) 第一步:自我认知测评。随着职业发展的深入、教龄的增加,在职教师容易产生职业倦怠,依靠惯有经验带班,动摇职业信念,缺乏对自身问题的诊断与认识,从而增加了自我认知的盲目性。因此,培训将从"教师专业发展的自我心理结构测评量表"出发,首先对每位教师进行一次全面且深入的"自我认知评估",并且在此基础上有针对性地选择培训模块,制定培训内容,量体裁衣,更好地凸显每位教师的自我认知突破点,制定个性化的培训安排表。

(2) 第二步:参加培训。根据制定好的培训安排表参与培训,完成培训前后的各项评估测试,为最后形成培训档案搜集资料。

(3) 第三步:总结成果。完成全部培训安排后,撰写培训小结,整理每一次团体活动的任务、成果及评估材料,完成培训档案袋。

3. 培训相关的硬件设施准备

(1) 场地:可容纳 30 人左右充分活动的室内开阔场地,铺有地板或地毯,约 80～100 平方米。

(2) 电器设备:冷暖空调、排风扇、可变换的灯光等。

(3) 多媒体设备:电脑、投影仪、无线话筒、音像录放设备等。

(4) 活动道具:用于书面活动的彩色 A4 纸、海报纸、彩色水笔等;用于心理剧表演的彩色布条、彩色细铅丝、彩色泥塑材料(橡皮泥)等。

四、培训内容总览

教师专业发展的自我心理结构理论模型与经验模型研究根据师范生(职前)、短教龄教师、长教龄非绩优和长教龄绩优教师四类人群在自我心理结构上的不同特点,将教师的心理结构概括为以自我意识为基础,自我调控为功能,自我和谐、印象管理、自我建构、自我接纳、自我概念和自我评价为特征的八大维度。

根据教师专业发展的自我心理结构理论模型与经验模型研究的结果,长教龄绩优教师在下述八个自我结构指标上表现最好,因此,本培训将参与者分为职前毕业生及长(11 年及以上)、短(0～5 年)教龄三类教师人群进行自我拓展培训,培训内容聚焦三类人群在自我结构上的不同表现,结合培训参与者对《教师专业发展的自我特征测评量表》的回答情况有针对性地进行,每次培训的时间约 90～120 分钟。

整个培训系列主要由团队建设、放松冥想、体验式游戏活动、小组讨论与分享、正念自省和总结与祝福六个阶段(部分)组成。

（一）自我的基础——自我意识

自我意识包括向内的内省式的自我意识和对外的外观式的自我意识，是一个人对自己的认识和评价，包括对自己心理倾向、个性心理特征和心理过程的认识与评价。自我意识是人意识的最高形式，是人的意识的本质特征。由于人具有自我意识，才能对自己的思想和行为进行自我控制和调节，形成自己的完整个性，所以自我意识是自我结构、自我功能发挥的基础。

（二）自我的功能——自我调控

自我调控是自我的核心功能之一，指个体通过监控自己，克服某些固有的行为反应倾向，代之以其他行为，从而使自己的行为更符合社会或自我标准的过程(Baumeister, Vohs & Tice, 2007)。自我调控泛指一切以目标为导向的行为过程。成功的自我调控包括三个重要的成分，分别是标准、监控和能力(于斌，乐国安，刘惠军，2014)。其中，监控指在自我调控过程中，个体要随时监控自己当前的状态是否符合标准，一旦偏离标准，个体就会通过有意识的自我调控来纠正它。所以监控是自我调控中重要的一环。教师的自我调控能力是其专业发展的重要保障。教师只有明确专业发展的目标，调动各方面的能量和资源服务教学事业，排除无关干扰，才能获得自我的成长、事业的成长。

（三）自我的特征

1. 自我和谐——自我的和谐度

自我的和谐度指个体内在的和谐统一，心灵平和，没有冲突、纠结。根据教师专业发展的自我心理结构理论模型与经验模型研究的结果，职前师范生的自我和谐程度相对较低，内在自我各方面统合程度不及教师人群好，尚处于一种相对矛盾、不够灵活的状态。

2. 印象管理——自我的社交性

自我的社交性是指在社会生活情境中个体根据社会标准不断调整自己的对外表现，进行印象管理，以给他人留下好的印象。需要指出的是，这里的印象管理指的是人际互动中的印象管理，具有社交性，强调外界他人对个体的影响。教师要减少社交性的印象管理，不能为了给他人留下好的印象而像"变色龙"一样去迎合他人，不断改变自己，过多地受到外部标准的影响。教师只有通过这种内在管理的方式建立起教师形象和权威，才能做好教学管理，使学生亲其师，信其道。

3. 自我建构——自我的独立性

我们在东方儒家文化的影响下形成了相互依赖、注重关系的互依型自我建构倾向,但同时,研究者指出,互依型和独立型自我建构是相互独立的建构体系,可以同时存在于个体身上,并根据情境的不同展现出来(杨国枢,陆洛,2009)。独立型自我建构个体更为注重自己的独特性,独立自主(刘艳,2011)。根据教师专业发展的自我心理结构理论模型与经验模型研究的结果,长教龄绩优组教师的特点之一是他们在长期的教学过程中形成了鲜明的个人特色,在大的课程目标的框架下有自己独特的教学体系。另外,独立型自我建构的个体以目标为导向,具有强烈的提升动机。也就是说相比于其他教师,长教龄绩优组教师在进行教学工作的时候,不止于满足任务的完成,他们追求的是如何更快、更好地达到教学目标。

4. 自我接纳——自我的开放度

自我不是封闭的结构,它是在与周围环境互动过程中不断建构的。在建构过程中,也不是只接纳好的、积极的部分,而是无论是自我的积极的部分还是消极的部分,都作为个体的一部分被认可,吸收到自我的内容中。也就是说,个体持有开放的态度看待自我的内容,能够客观、全面、无条件地接受自己的一切。所以,自我接纳体现了个体适合的自我认知,自我接纳水平越高,自我越和谐,在为人处世方面越是不卑不亢。

5. 自我概念——自我的确定性

自我概念是个体对于自己是什么样的人以及将会成为什么样的人的确定,是个人心目中对自己的印象,包括对自身存在的认识,以及对个人身体、能力、性格、态度、思想等方面的认识,是由一系列态度、信念和价值标准所构成的有组织的认知结构。自我概念可以直接显著地正向预测教师职业成熟度和职业态度(刘立立,缴润凯,2013)。根据教师专业发展的自我心理结构理论模型与经验模型研究的结果,长教龄绩优教师在自我概念上的发展是最好的、最完善的,同时他们的自我评价和自我控制力是最好的;学生由于还没有进入社会,社会经历的缺乏影响他们对自我全面的认识和体会,所以他们的自我概念尚不够成熟,得分最低;短教龄教师入职后随着职业的发展,自我概念各方面都有提高,但是相较于长教龄绩优教师,他们的自我概念还有发展空间;长教龄非绩优教师具有多年的教学经验,但是教学成绩并不优秀,他们的自我概念发展难免后劲不足。研究指出,职业倦怠程度和自我概念分数呈负相关(Rad & Nasir,2010),长教龄非绩优教师是职业倦怠的易感人群(邵雅利,2003),所以他们的自我概念受到影响。

6. 自我评价——自我的自信度

个体对自己有积极的、正确的评价,相信自己具有完成事情的能力,这就是个体自我的自信度。根据教师专业发展的自我心理结构理论模型与经验模型研究的结果,核心自我评价、自尊和一般自我效能感高度相关。一般自我效能感是个体从各种长期经验中积累而成的稳定特质,受到个体在各种情境下的成败经历的影响。教师专业发展的成功经历提高了长教龄绩优组教师的一般自我效能感,因而他们倾向于选择更有挑战性的任务,会为自己设定更高的职业目标(选择过程);会将情景视为可实现的,以乐观的心态积极面对专业发展中的困难,付出更多的努力以实现目标(认知过程);在解决问题时付出的努力越多,持续的时间也会更长(动机过程);即使在紧张情境下也能从容乐观地应对,自觉地降低自身担忧和焦虑程度,并寻求积极有效的行为方式来解决专业发展中的难题(情感过程)(吴莹,2014)。

五、教师专业发展自我拓展培训方案

根据前期教师专业发展的自我心理结构理论模型与经验模型研究的结果,我们将探索性地设计针对教师专业发展自我拓展的培训方案,通过自我心理结构测评、个别心理访谈、心理剧和团体心理辅导等形式进行。"教师专业发展的自我心理结构测评量表"为不同类别的教师群体提供具有针对性的测评内容;个别心理访谈为每一位参与测评的教师进行一对一的测评报告反馈,反馈内容包括对测评目的的说明、测评结果的解释及后续团体心理辅导的知情同意;心理剧通过特殊的戏剧形式,让参与者扮演某种角色,以某种心理冲突情景下的自发表演为主,将心理冲突和情绪问题逐渐呈现在舞台上,以宣泄情绪、消除内心压力和低自我价值感,调整认知,增强环境适应力和问题解决能力;团体心理辅导通过团体内人际交流,促使个体在交往过程的观察、学习、体验中认识自我、探索自我、调整并改善与他人的关系,学习新的态度与行为方式,发展出良好的适应。

(一)新入职教师自我拓展培训

刚刚走出校门的毕业生,可利用入职一学期或一学年之后的假期时间参与培训,培训内容主要包括自我意识与自我和谐感提升,围绕教学目标的自我调控养成,教学环境中独立型自我建构的养成。

在团体成员招募阶段,请全体报名参加培训的教师完成前期研发的"教师专业发展的自我心理结构测评量表",结合测评报告和教师专业发展的自我心理结构图谱研究的结果,重点关注自我评价、自我和谐、自我接纳、自我建构、印象管理及自我调控上的分数情况,在名额有限的情况下,可筛选上述指标得分较低的成员参与培训。

1. 第一次培训:个别心理访谈

由团体带领者及其助手对每一位团体成员进行一对一的、结构化的测评结果反馈,反馈内容包括对测评项目的的说明、测评结果的解释及后续团体心理辅导的知情同意。

2. 第二次培训:很高兴遇到你——团体建设

通过自愿报名和问卷筛选后形成的培训团体,需要在首次活动时增强团体成员间的彼此熟识与连接,并就团体规则、责任、义务和目标等方面达成共识,即团体建设。本次培训方案中团体建设部分的内容参考《青少年环境适应团体训练手册》的团体建设(张麒,2006)部分。

(1)热身游戏1:姓名接龙,帮助团体成员相互认识,轮到自己时,从第一位自我介绍的成员开始,挨个报出每一位成员的姓名。

讨论问题:

记忆别人的名字是否有困难?

你记住了多少人的名字?

当别人叫到你的名字时有什么感受?

当轮到你叫别人名字时,你选择熟悉的人还是陌生的人?

(2)热身游戏2:进化演义。

保证每个人都知道"石头/剪子/布"的游戏规则,并同意那个游戏的规则。

要点1:大家围成一个大圈,主持人在圈内示范:

"鸡蛋"——蹲下,双手抱头;

"小鸡"——半蹲,手臂微张置于腰两旁,像翅膀一样;

"凤凰"——站立,双手举过头顶,自鸣得意。

要点2:所有人进入圈中,蹲下抱头,作鸡蛋状,开始后,大家各自找到另一个"鸡蛋",和他玩"石头/剪子/布",再赢再升级;每次升级后,与同级的"动物"玩"石头/剪子/布",直到最后成为"凤凰",得意地站到圈外观看,不再参与游戏;也可以继续游戏,如果输了,同样从头开始。

要点3:每次"石头/剪子/布"游戏的输者,不论在哪个级别,都必须退回到鸡蛋状态,重新开始游戏。

要点4:游戏进行到没有进化可能时自然结束,也可以在一定的时间里结束。

讨论问题:

最早"成凤凰"的成员有什么感受？
最后也没"成凤凰"的成员有什么感受？
游戏的过程是怎样的？和目前的教师工作有什么联系吗？
这个游戏让你想到些什么？
对进化的规则怎么看？这种规则在现实生活中是否存在？
通过游戏，你对自我有什么感悟？
询问那些"成凤凰"的同学，为什么甘愿冒险重新回到游戏的竞争中？
上述两项热身游戏有助于在团体系列活动的开始阶段启动参与者的自我意识。

(3) 团体契约的建立。
① 根据团体成员的人数，以每组 5~7 人的规模分组。
② 制作小组海报，每位组员签名，为小组命名(有新意，有创意，有寓意)。
③ 共同确定在系列团体辅导中最希望讨论的议题 3~5 条。
④ 共同确定小组契约 3~5 条，比如：不嘲笑、不评判、不攻击等。
⑤ 每组派代表，也可小组成员集体上台，分享海报内容。

3. 第三次培训：放松训练与自我和谐感提升
(1) 活动1：放松训练。

放松是人体对自身紧张的转换控制能力(周永奇，2008)。人体的放松包括肌肉放松和精神放松。放松训练是以暗示语集中注意力、调节呼吸、使肌肉得到充分放松，从而调节中枢神经系统的方法。这种暗示语可以是自我暗示、他人暗示，也可以是放松录音磁带、录像带、节拍诱导和生物反馈诱导，还可以用意念来替代套语。放松训练不仅作为一种相对独立的心理训练方法被广泛应用于运动实践中，而且现在也成为一种重要的治疗手段。

本次培训主要通过对渐进性放松法与自生放松法的练习，让参与者体验放松的状态。

① 渐进性放松法(progressive relaxation)。

渐进性放松是美国学者雅各布森(Jacobson)在 20 世纪 20—30 年代精心设计出来的一种放松训练方法。在此之后，经过多年的临床应用又得到了不断的修改和完善。可以通过对这一方法的实际尝试来了解放松要领。

渐进性放松要求主动地先收紧某一肌群，体会其中的紧张，然后让它充分放松，并把这种紧张"排出"体外。这种方法的主要特点是通过肌肉的紧张与放松的对比，使身心得到放松。

在进行渐进性放松练习时，要选择一个安静的环境，采用坐位或卧位即可,闭上眼睛,参照放松的具体程序依次"紧张—放松",每次肌肉收缩5~10秒,然后放松10~30秒,根据情况也可以调整这个时间。特别要注意体会肌肉紧张是什么感受,肌肉放松又是什么感受。也可以运用渐进放松的录音磁带,边听边做,做一遍的时间是20~30分钟。

② 自生放松法(autogenic relaxation)。

自生放松训练是通过特定的暗示语来降低或消除身心紧张反应,从而松弛身体的一种放松训练方法。它有6种练习的特定暗示语。进行自生训练,可采用卧姿、坐姿或半躺式练习姿势,以全身放松、舒适为原则。在练习过程中,一边默念特定的暗示语,一边要进行积极想象,并注意体会相应的四肢温暖和沉重等感觉。自生训练最大的优点是暗示语容易记,便于练习者自己随时随地进行练习。

讨论问题:

回顾并用3~5句话描述一下放松前后的感觉,这种感觉会让自己联想到平时工作过程中的哪一部分状态?

在工作环境中,是否曾经尝试适合自己的放松方式?

(2) 活动2:自我和谐感提升。

在工作与生活中,很可能会遇到一时无法处理的新问题,甚至是被否定、被拒绝,这很可能引发诸如窘迫、羞愧、罪恶感等需要自我参与的自我意识情绪,对于此类自我意识情绪的觉察与命名有利于教师逐步降低此类情绪对自己造成的负面影响与干扰,进而以尽可能客观的视角反省自己的工作表现与能力。

活动简介:两两随机分组,A表达"我要×××",B一一回应不行,讲出理由,A再进行一次反驳,B继续一一回应,此为一轮,共进行十轮;然后角色互换。比如A:我要吃冰激凌;B:不行,你会变胖的;A:我每天跑步运动控制体重的;B:不行,冰激凌摄入的热量比你运动消耗的热量多。

讨论问题:

当你被对方拒绝时,是怎样的感受?

是什么让你屡遭拒绝,而又继续寻求?

你在本次活动中,灵机一动想出了多少想要寻求或是拒绝他人的理由?

4. 第四次培训:冥想训练与自我和谐感提升

冥想(meditation)是一种自我控制的心理调整方法(华青措,2013),通过调节认知、情绪、行为而达到生物学效应,通常用于促进平静思绪,放松身体,使人们变得幸福、平静和安详。临床研究报告,冥想训练有助于治疗慢性疼痛、焦虑、皮肤病、抑郁症复发、失眠症、物质滥用、酒精依赖、饮食障碍、心脏疾病和癌症等心身疾病。

(1) 活动1：呼吸与冥想。

呼吸与冥想是一种很容易掌握且具有稳定明显的效果的初级冥想方式，适合在团体心理辅导中运用。其要点是要求个体学会用腹部进行呼吸，并把注意力保持在自己的呼吸之上，一般每7秒钟为一个呼吸的循环。

在参与者学会腹式呼吸并能有效控制和放慢呼吸节奏之后，带领者进一步指导小组成员专注于自己的一呼一吸，并随时觉察和终止自己头脑中产生的无关想法、自由联想或情绪感受等。

讨论问题：

在冥想过程中，产生了什么想法和感受？如果愿意的话，请和小组成员分享。

当产生那些想法和感受的时候，是更愿意继续沉浸其中，还是想要马上停止？

能否根据自己的意愿顺利继续或者停止冥想中产生的某些想法和感受？

如果不能根据自己的意愿顺利停止冥想中产生的某些想法和感受，阻碍可能是在哪里？

(2) 活动2：自我和谐感提升。

在工作与生活中，很可能会遇到想要却无法获得，想拒绝却不好意思开口的情况，这很可能影响自我价值感、自我接纳及自我开放度，对于由欲求不得、惨遭拒绝和颜面尽失而产生的情绪体验，如果能够在关怀、包容的自我拓展培训中获得深入的演练与觉察并将其命名，使自我价值评定在负性情绪中逐渐得到稳定，个体就可能不会再轻易受到负性情绪的影响。

活动简介：两两随机分组，A说我要，B说我不要，用尽可能多的方式，然后互换，越是被拒绝，越感到压力，越激发潜能。

讨论问题：

当你不断地说着"我要""我要"，但对方却一直回应"我不要"时，你当时是怎样的感受，会因此讨厌自己吗？

当对方不断地在说"我不要""我不要"时，是什么让你愿意继续表达"我要""我要"的？

当角色互换，对方不断地说着"我要""我要"，你却要不断地表述"我不要""我不要"，你是怎样的感受？

当角色互换，对方不断地说着"我要""我要"，是什么让你愿意继续表达

"我不要""我不要"?

当角色互换,你不断说着"我不要""我不要"时,你会因此讨厌自己吗?

5. 第五次培训:工作情境模拟

(1)活动1:教学情境中的内部管理。

教师的主要工作对象是学生,主要工作内容是讲课,主要工作场所是教室。根据教师专业发展的自我心理结构理论模型与经验模型研究的结果,师范生的自我监控水平高于在职教师,意味着他们通常愿意调整自己的言行举止以便处于支持性的环境中,并且期待有条理、有计划的生活与学习状态。然而,教师行业有其特殊性,教学情境中,除了可以充分准备的教学内容之外,还有大量的捉摸不定的学生,教师需要随时面对众多学生,维持课堂秩序,处理突发情况,教导学生,影响学生。因此,教师需要加强内部管理,根据既定的教育教学方法和学生行为规范组织课堂教学及课后辅导,建立自己的威信,而不需要去一味地改变自己、迎合学生以平息可能出现的师生矛盾。

本次培训将以心理剧的形式现场模拟课堂教学的过程,由一位教师做主角,小组成员作为辅角及替身参与心理剧的演出。心理剧的剧本创作围绕主角主诉展开,内容主要包括教师在课堂上遇到的来自学生的各种挑战,比如不遵守课堂纪律,公然挑战老师的知识储备,在课堂上起哄等。通过心理剧的表演,让主角觉察师生冲突过程中的自我认知状况与情绪反应,通过辅角了解学生在冲突过程中的认知与情绪状况,通过替身了解更多问题解决的途径与方式,增加课堂教学中的问题解决能力。

讨论问题:

作为主角(或替身,或辅角),你在刚才的心理剧创作过程中,有怎样的感受与收获?

作为主角(或替身,或辅角),你在刚才的心理剧创作过程中,你更多的是坚持自己,还是调整言行以顺应情境?

(2)办公室情境中的自我调控。

教师办公室是同事间人际互动的主要场所,同事间的工作冲突、人际冲突大都发生在办公室。本次培训将以心理剧的形式现场模拟办公环境,由一位教师做主角,小组成员作为配角及替身参与心理剧的演出。心理剧的剧本创作围绕主角主诉展开,内容主要包括教师在办公室与同事共同备课、分头工作、休息闲聊等情境。通过心理剧的表演,让主角觉察同事间冲突过程中的自我认知状况与情绪反应,通过辅角了解同事在冲突过程中的认知与情绪状况,理性看待同事间的竞争与合作关系,通过替身了解更多问题解决的途径与方式,增加解决问题与人际沟通的能力。

讨论问题:

作为主角(或替身,或辅角),你在刚才的心理剧创作过程中,有怎样的感受与收获?

和刚才教学情境的心理剧相比,作为主角(或替身,或辅角),你认为自己的应对方式有哪些区别?

6. 第六次培训:总结与祝福

(1) 放松与冥想训练。

结合第二、三次培训中体验的放松与冥想,在本次培训中巩固放松与冥想训练,并在冥想过程中,请全体教师回顾前五次培训的过程、印象最深刻的一项活动、最有触动的一次自我觉察、已经付诸实践的自我改变。

(2) 前情回顾。

小组成员根据第一次培训时制定的团队契约与目标,深入讨论以下几方面的内容:

印象最深刻的一项活动;

最有触动的一次自我觉察;

体会到的自我改变。

(3) 彼此祝福。

每位成员手拿一张彩色纸,写上自己在本系列培训的过程中特别想要感谢的一位伙伴的姓名以及感谢的理由,并将纸条送到对方手中。

(4) 完成"教师专业发展的自我心理结构测评量表"的后测。

将每一位教师参与培训前后的自我认知量表结果做比较,结合团体心理辅导评估调查表的情况,为每一位培训教师建立培训过程与评估档案。

(二) 短教龄教师自我拓展培训

短教龄教师的自我拓展培训可在学期过程中进行,每周一次,培训内容主要包括自我调控及自我监控策略的提升。

在团体成员招募阶段,请全体报名参加培训的教师完成前期研发的"教师专业发展的自我心理结构测评量表",结合测评报告和教师专业发展的自我心理结构图谱研究的结果,重点关注自我意识、自我评价、自我建构和自我调控上的分数情况。在名额有限的情况下,可选取上述维度中得分处于中等偏下水平的教师作为团体心理辅导的参与者。

1. 第一次培训:个别心理访谈

由团体带领者及其助手对每一位团体成员进行一对一的、结构化的测评结果反馈,反馈内容包括对测评目的的说明、测评结果的解释及后续团体心理辅导的知情同意。

2. 第二次培训:很高兴遇到你——团体建设

同新入职教师自我拓展培训的团体建设部分,该热身活动有助于在团体系列活动的开始阶段启动参与者的自我意识。

3. 第三次培训:放松训练与冲突应对

(1) 活动1:放松训练。

同新入职教师自我拓展培训的"放松训练"部分。

(2) 活动2:提升自我的内部管理。

教师要减少社交性的印象管理,不能为了给他人留下好的印象而像变色龙一样去迎合他人,不断改变自己,过多地受到外部标准的影响。相反,教师需要在冲突情境中根据正确的教育理念,加强内部管理,勇于接受教学情境中的各种挑战,不需要刻意地迎合,也不能顽固地恪守。

活动简介:通过心理剧为载体的情境模拟,协助主角教师在自己与替身和辅角的共同表演中深入觉察、感知、了解情境信息(比如吵闹的课堂,备课组的意见分歧,对违纪学生的处理,与家长的沟通等),尝试相同情境的不同处理及行为方式,以此提高内部管理及冲突应对能力。

讨论问题:

作为主角(或替身,或辅角),你在刚才的心理剧创作过程中,有怎样的感受与收获?

作为主角(或替身,或辅角),你在刚才的心理剧创作过程中,是否尝试不断调整自己的言行举止?你是怎么做到的?遇到过哪些困难呢?

4. 第四次培训:冥想训练与情绪调节

(1) 活动1:冥想训练。

冥想训练的部分同新入职教师自我拓展培训的"冥想训练"部分。

(2) 活动2:情绪调节与应对。

有研究发现,新手型教师和专家型教师在心理特征方面的差异主要体现在情绪调节及应对方式上(邵雅利,2003)。情绪是唯一一个影响教师教学行为的带有感情色彩的因素。新手型教师和专家型教师在情绪的体验中都是体验到的快乐较多、恐惧较少,但两者在相应情绪上的体验程度不同;在对情绪的应对方式上,专家型教师多采用积极的调节方式,而新手型教师则较多采取自责、求助、回避等消极的应对方式。

活动简介:通过指导语,请参与者再次进入冥想阶段,回忆一件最近半年在工作中发生的最让自己生气,甚至是崩溃的事情。它是怎么发生的?过程是如何进行的?当时参与者有过一些怎样的体会?自己是如何应对的?假如时光倒流,事件重现,是否会有别的应对方式浮现在眼前?

冥想结束之后,参与者会有5~10分钟的静默时间,用来写下对那件事的回忆,重点在自己当时的情绪体验、应对方式及当下新的领悟等方面。

讨论问题:

请3~5名参与者分享刚才的冥想与调节过程。

请3~5名参与者分享情绪调节过程中自己主要使用的策略。

5. 第五次培训:有你有我

前期的教师自我认知状况调查发现,短教龄教师在自我概念、自我意识方面有较大的提升空间,对自我的认识以及对自我与他人关系的了解将有助于教师的自我成长与整合,从而对专业发展起促进作用。

(1) 活动1:无言的表达。

活动简介:两两分组,通过心理雕塑的方式,由A运用肢体表现出某种动作并将其定格;由B模仿A的动作,细细体会并向A表述这一动作所表达的情绪,然后由A进一步核对并澄清。第二阶段,A与B角色互换。

讨论问题:

请3~5名参与者分享之前作为A和B的过程与感受,对于A,是否在B模仿并表述的过程中获得启示,对自己有新的发现与认识?对于B,是否在模仿和表达A的过程中获得启示,对自己理解并感受他人的能力是否有所领悟?

(2) 活动2:工作中的烦恼。

活动简介:通过心理剧的形式,演绎教师工作过程中产生过自我怀疑的某个烦恼事件或片段,由参与者自发形成主题,编撰脚本,产生主角、替身和辅角。通过心理剧的表演,在替身和辅角的协助下,让主角深入觉察自己在事件中的自我认知与情绪,反思整个应对过程,获得领悟。

讨论问题:

作为主角(或替身,或辅角),你在刚才的心理剧创作过程中,有怎样的感受与收获?

作为主角(或替身,或辅角),你在刚才的心理剧创作过程中,你是否产生了由自我怀疑到自我肯定的转变?那是怎么发生的呢?

6. 第六次培训:总结与祝福

同新入职教师自我拓展培训的"总结与祝福"部分。

（三）长教龄教师自我拓展培训

有着 11 年或以上教龄的长教龄教师，11 年来，恰好见证了从教育理念到教育技术的日新月异的变化。互联网对学生知识结构的冲击，平板电脑、智能手机等 IT 技术为知识获得带来的便利与快捷，人们个性的自由与张扬，价值观的多元……目前的这批长教龄教师几乎是同步地与学生一起接触新事物，学习新技能，迎接新挑战，并且这样的挑战不仅仅来自于时代，更是来自于学生。有研究发现，中小学教师心理问题的成因主要包括职业角色的压力、工作压力和新课改的压力，并且信息时代教师权威性受到威胁的情况会使教师心理负荷加大。因此，在职业倦怠与职业压力的双重裹挟下，长教龄教师的专业发展可能进入平台期，专业精进缺乏动力，甚至出现疲态。

本着对"老教师"的关怀与呵护，长教龄教师的专业发展自我拓展培训可在相对轻松、自在的氛围中进行，场地更为温馨舒适，备有较为丰盛的茶歇与礼品，寓培训于休闲。

在团体成员招募阶段，请全体报名参加培训的教师完成前期研发的"教师专业发展的自我心理结构测评量表"，结合测评报告和教师专业发展的自我心理结构图谱研究的结果，重点关注自我意识、自我评价、自我接纳、自我建构及自我调控上的分数情况，在名额有限的情况下，可选取上述维度中得分处于中等偏下水平的教师作为团体心理辅导的参与者。

1. 第一次培训：个别心理访谈

由团体带领者及其助手对每一位团体成员进行一对一的、结构化的测评结果反馈，反馈内容包括对测评目的的说明、测评结果的解释及后续团体心理辅导的知情同意。

2. 第二次培训：很高兴遇到你——团体建设

同新入职教师自我拓展培训的团体建设部分，该热身活动有助于在团体系列活动的开始阶段启动参与者的自我意识。

3. 第三次培训：放松训练与受挫体验

（1）活动 1：放松训练。

同新入职教师自我拓展培训的"放松训练"部分。

（2）活动 2：自我反思与评价。

反思是帮助个体了解自身易于显性化的隐性知识、促进个体潜能开发的主要途径之一，通过教学反思促进隐性知识显性化，可帮助教师把宝贵的教学经验浮现于意识层面，结合教育理论的学习，提炼为客观规律，进而为教育理论的发展做出可贵的贡献。而实现这种可贵的潜能开发的心理条件就是充分的自我开放性和自我接纳。

活动简介：本次活动围绕教学反思展开，通过心理剧帮助教师提高自我开放性和自我接纳，协助主角教师在自己与替身、辅角的共同表演中进行教学反思，以自我及旁观者视角剖析自己曾经的言行举止对教学活动起到的作用、产生的影响。

心理剧的主题可设置诸如学生违纪处理、考前答疑、难题解析、学生活动管理等主角曾经成功或失败的教学活动。

讨论问题：

作为主角（或替身，或辅角），你在刚才的心理剧创作过程中，是否产生了一些不同于当时情况的处理方式？

作为主角（或替身，或辅角），你在刚才的心理剧创作过程中，是否有好的经验与大家分享？

4. 第四次培训：冥想训练与自我振作

（1）活动1：冥想训练。

冥想训练的部分同新入职教师自我拓展培训的"冥想训练"部分。

（2）活动2：真我T台秀。

根据前期教师自我认知状况调查的结果，长教龄教师在长年与学生和同事相处的过程中，自信度、开放度及独立性等指标可能受到职业倦怠的影响而有所回落，进而产生自我迷失感，像是循着惯性继续每一天的工作与生活，这对于进一步的专业发展会是严重的阻碍。

活动简介：在节奏明快的音乐背景下，参与者两人一组像时装表演般走台，进而过渡到单独走台，音乐的节奏感也随之加强。

讨论问题：

请3~5名参与者分享刚才走台的心路历程。

5. 第五次培训：应对倦怠，重启自我

长教龄教师的职业倦怠感可能会比较明显，职业倦怠具体表现为情感衰竭，没有工作热情，时常感到疲惫；去人格化，与工作对象及环境保持距离，冷漠并忽视；低个人成就感，消极地评价自己，工作能力与成就体验下降。本次培训旨在通过心理剧的形式呈现教师的职业倦怠状态，并探讨应对倦怠的自我调节方式。

（1）活动1：累并快乐着。

活动简介：以"累"为主题，通过心理剧的形式，演绎教师工作过程中的典型场景，由参与者自发形成主题，编撰脚本，产生主角、替身和辅角。通过心理剧的表演,在替身和辅角的协助下,让主角深入觉察自己目前疲惫的心理状态,反思整个应对过程,获得领悟。

讨论问题:

作为主角(或替身,或辅角),你在刚才的心理剧创作过程中,有怎样的感受与收获?

(2) 活动2:重返20岁。

活动简介:《重返20岁》是2015年年初热映的一部电影,本次活动借此为名,旨在通过心理剧的形式引导长教龄教师回顾十多年前新入职的时光,重新感受曾经的跃跃欲试和满腔热情。由参与者自发形成主题,编撰脚本,产生主角、替身和辅角。通过心理剧的表演,在替身和辅角的协助下,让主角深入觉察自己入职多年以来的个人成长与变化,反思整个心路历程,获得领悟。

讨论问题:

作为主角(或替身,或辅角),你在刚才的心理剧创作过程中,有怎样的感受与收获?

作为主角(或替身,或辅角),你愿意更多停留在20岁时的自己,还是希望尽快回到当下?原因是什么?

6. 第六次培训:总结与祝福

同新入职教师自我拓展培训的"总结与祝福"部分。

六、小 结

教师专业发展自我拓展培训以前期教师自我认知状况调查研究的结果为基础,针对新入职、短教龄和长教龄三类教师的专业发展及自我发展特点设计培训方案,培训力求做到详细、具体、可操作,以体验式团体心理辅导为主,结合放松、冥想、心理剧、自省等环节,聚焦不同阶段教师自我突破的主要议题,是对教师心理健康培训项目在自我认知与发展维度上的开创性拓展。

本章参考文献

华青措.冥想科学研究现状与展望[J].医学与哲学(人文社会医学版),2013(2).

荆承红,王鸿杰,王宝珊,李宏斌.从提升工作品质到提升生活品质——教师心理健康教育的实践与思考[J].北京教育(普教版),2011(4).

刘艳.自我建构研究的现状与展望[J].心理科学进展,2011(3).

邵雅利.新手—熟手—专家：教师职业承诺与职业倦怠的研究[D].福州：福建师范大学,2003.

吴莹.职场排斥、一般自我效能感及工作绩效的关系研究[D].成都：西南财经大学,2014.

徐建平,张厚粲.中小学教师胜任力模型：一项行为事件访谈研究[J].教育研究,2006(1).

杨国枢,陆洛.中国人的自我：心理学的分析[M].重庆：重庆大学出版社,2009.

杨敏毅,鞠瑞利.优化教师心理品质促进教师专业发展[J].中小学心理健康教育,2010(10).

于斌,乐国安,刘惠军.工作记忆能力与自我调控[J].心理科学进展,2014(5).

张麒.青少年环境适应团体训练手册[M].北京：北京师范大学出版社,2006.

周永奇.放松训练的研究现状与分析[J].中国成人教育,2008(5).

朱妙仙,许璟蓓,洪松舟.小学青年教师一般自我效能感与人格特质的关系研究[J].教育研究与评论：小学教育教学,2010(3).

Baumeister,R. F.,Vohs,K. D. & Tice,D. M. The strength model of self-control[J]. *Current Directions in Psychological Science*, 2007,16(6).

Judge,T. A.,Erez,A.,Bono,J. E. & Thoreson,C. J. The core self-evaluations scale：Development of a measure[J]. *Personnel psychology*, 2003,56(2).

Rad,A. Z. & Nasir,R. Burnout and career self concept among teachers in Mashhad,Iran[J]. Procedia-Social and Behavioral Sciences,2010,7.

附录 7-1 小组成员自我参与评估表

序号	下面是您对本次(或本系列)教师专业发展自我拓展训练的自我参与度的描述,请根据您的实际情况勾选右边的满意程度选项。	总是如此	经常如此	不确定	偶尔如此	很少如此
1	我是这个小组一个主动和有贡献的成员。					
2	我愿意与其他成员有相似的个人参与程度。					
3	我希望在小组里尝试新的行为。					
4	当感受出现的时候我努力去表达我的感受。					
5	我认真地倾听他人,并且对他们直接作反应。					
6	我把我对他们的感觉告诉他们,以分享我对他人的看法。					
7	我要参加小组的聚会。					
8	我提供支持给其他成员而不是解救他们。					
9	我以没有防卫的态度接受回馈。					
10	我注意我对小组领导者的反应,并分享我的反应。					
11	对于我这个小组的态度,我采取负责的态度。					
12	我将我从小组所学的应用到小组外的生活中。					

注:本评估表可以每次团体活动结束后请参与者自评,也可在系列团体活动全部结束后自评。